Moritz | Schriften zur Ästhetik

Karl Philipp Moritz

Schriften zur Ästhetik

Herausgegeben von

Christof Wingertszahn

Reclam

RECLAMS UNIVERSAL-BIBLIOTHEK Nr. 19519
2018 Philipp Reclam jun. GmbH & Co. KG,
Siemensstraße 32, 71254 Ditzingen
Gestaltung: Cornelia Feyll, Friedrich Forssman
Druck und Bindung: Canon Deutschland Business Services GmbH,
Siemensstraße 32, 71254 Ditzingen
Printed in Germany 2018

ISBN 978-3-15-019519-2

Auch als E-Book erhältlich

www.reclam.de

Inhalt

Versuch einer Vereinigung aller schönen Künste und Wissenschaften unter dem Begriff des *in sich selbst Vollendeten*

An Herrn Moses Mendelssohn.

Man hat den Grundsatz von der *Nachahmung* der Natur, als den Hauptendzwek der schönen Künste und Wissenschaften verworfen, und ihn dem Zwek des *Vergnügens* untergeordnet, den [226] man dafür zu dem ersten Grundgesetze der schönen Künste gemacht hat. Diese Künste, sagt man, haben eigentlich bloß das Vergnügen, so wie die mechanischen den Nutzen, zur Absicht. – Nun aber finden wir sowohl Vergnügen am Schönen, als am Nützlichen: wie unterscheidet sich also das erstre vom letztern?

Bei dem bloß Nützlichen finde ich nicht sowohl an dem Gegenstande selbst, als vielmehr an der Vorstellung von der Bequemlichkeit oder Behaglichkeit, die mir oder einem andern durch den Gebrauch desselben zuwachsen wird, Vergnügen. Ich mache mich gleichsam zum Mittelpunkte, worauf ich alle Theile des Gegenstandes beziehe, d.h. ich betrachte denselben bloß als Mittel, wovon ich selbst, in so fern meine Vollkommenheit dadurch befördert wird, der Zwek bin. Der bloß nützliche Gegenstand ist also in sich nichts Ganzes oder Vollendetes, sondern wird es erst, indem er in mir seinen Zwek erreicht, oder in mir vollendet wird. – Bei der Betrachtung des Schönen aber wälze ich den Zwek aus mir in den Gegenstand selbst zurük: ich betrachte ihn, als etwas, nicht in mir, sondern *in sich selbst Vollendetes*, das also in sich ein Ganzes ausmacht, und mir *um sein selbst willen* Vergnügen gewährt; indem ich dem schönen Gegenstande nicht sowohl eine Beziehung auf mich, als mir vielmehr eine Beziehung auf ihn gebe. Da mir nun das Schöne mehr um sein selbst willen, [227] das Nützliche aber bloß um meinetwillen, lieb ist; so gewähret mir das Schöne ein höheres und uneigennützigeres Vergnügen, als das bloß Nützliche. Das Vergnügen an dem bloß Nützlichen ist gröber und gemeiner, das Vergnügen an dem Schönen feiner und seltner. Jenes haben wir, in gewissem Verstande, mit den Thieren gemein; dieses erhebt uns über sie.

Da das Nützliche seinen Zwek nicht in sich, sondern *außer* sich in etwas anderm hat, dessen Vollkommenheit dadurch vermehrt werden soll; so muß derjenige, welcher etwas Nützliches hervorbringen will, diesen *äußern* Zwek bei seinem Werke beständig vor Augen haben. Und wenn das Werk nur seinen äußern Zwek erreicht, so mag es übrigens in sich beschaffen sein, wie es wolle; dies kömmt, in so fern es bloß nützlich ist, gar nicht in Betracht. Wenn eine Uhr nur richtig ihre Stunden zeigt, und ein Messer nur gut schneidet; so bekümmre ich mich, in Ansehung des eigentlichen Nutzens, weder um die Kostbarkeit des Gehäuses an der Uhr, noch des Griffes an dem Messer: auch achte ich nicht darauf, ob mir selbst das Werk in der Uhr, oder die Klinge an dem Messer, gut ins Auge fällt oder nicht. Die Uhr und das Messer haben ihren Zwek außer sich, in demjenigen, welcher sich derselben zu seiner Bequemlichkeit bedienet; sie sind daher nichts in sich Vollendetes, und haben an und für sich, ohne die mögliche oder [228] wirkliche Erreichung ihres äußern Zweks, keinen eigenthümlichen Werth. Mit diesem ihren äußern Zwek zusammengenommen als ein Ganzes betrachtet, machen sie mir erst Vergnügen; von diesem Zwek abgeschnitten, lassen sie mich völlig gleichgültig. Ich betrachte die Uhr und das Messer nur mit Vergnügen, in so ferne ich sie brauchen kann, und brauche sie nicht, damit ich sie betrachten kann.

Bei dem Schönen ist es umgekehrt. Dieses hat seinen Zwek nicht außer sich, und ist nicht wegen der Vollkommenheit von etwas anderm, sondern wegen seiner eignen innern Vollkommenheit da. Man betrachtet es nicht, in so fern man es brauchen kann, sondern man braucht es nur, in so fern man es betrachten kann. Wir bedürfen des Schönen nicht so sehr, um dadurch ergötzt zu werden, als das Schöne unsrer bedarf, um erkannt zu werden. Wir können sehr gut ohne die Betrachtung schöner Kunstwerke bestehen, diese aber können, als solche, nicht wohl ohne unsre Betrachtung bestehen. Jemehr wir sie also entbehren können, desto mehr betrachten wir sie um ihrer selbst willen, um ihnen durch unsre Betrachtung gleichsam erst ihr wahres volles Dasein zu geben. Denn durch unsre zunehmende Anerkennung des Schönen in einem schönen Kunstwerke, vergrößern wir gleichsam seine Schönheit selber, und legen immer mehr Werth hinein. Daher das ungeduldige Verlangen, daß alles dem Schönen huldigen [229] soll, welches wir einmal dafür erkannt haben: je allgemeiner es als schön erkannt und bewundert wird, desto mehr Werth erhält es auch in unsern Augen. Daher das Mißvergnügen bei einem leeren Schauspielhause, wenn auch die Vorstellung noch so vortreflich ist. Empfänden wir das Vergnügen an dem Schönen mehr um unsert- als um sein selbst willen, was würde uns daran liegen, ob es von irgend jemand außer uns erkannt würde? Wir verwenden, wir beeifern uns für das Schöne, um ihm Bewundrer zu verschaffen, wir mögen es antreffen, wo wir wollen: ja wir empfinden sogar eine Art von Mitleid beim Anblik eines schönen Kunstwerks, das in den Staub darniedergetreten, von den Vorübergehenden mit gleichgültigem Blik betrachtet wird. – Auch das süße Staunen, das *angenehme Vergessen unsrer selbst* bei Betrachtung eines schönen Kunstwerks, ist ein Beweis, daß unser Vergnügen hier etwas untergeordnetes ist, das wir freiwillig erst durch das Schöne bestimmt werden lassen, welchem wir eine Zeitlang eine Art von Obergewalt über alle unsre Empfindungen einräumen. Während das Schöne unsre Betrachtung ganz auf sich zieht, zieht es sie eine Weile von uns selber ab, und macht, daß wir uns in dem schönen Gegenstande zu verlieren scheinen; und eben dies Verlieren, dies Vergessen unsrer selbst, ist der höchste Grad des reinen und uneigennützigen Vergnügens, welches uns das Schöne [230] gewährt. Wir opfern in dem Augenblik unser individuelles eingeschränktes Dasein einer Art von höherem Dasein auf. Das Vergnügen am Schönen muß sich daher immer mehr der uneigennützigen *Liebe* nähern, wenn es ächt sein soll. Jede specielle Beziehung auf mich in einem schönen Kunstwerke giebt dem Vergnügen, das ich daran empfinde, einen Zusatz, der für einen andern verlohren geht; das Schöne in dem Kunstwerke ist für mich nicht eher rein und unvermischt, bis ich die specielle Beziehung auf mich ganz davon hinwegdenke, und es als etwas betrachte, das bloß um sein selbst willen hervorgebracht ist, damit es etwas in sich Vollendetes sei. – So wie nun aber die Liebe und das Wohlwollen dem edeln Menschenfreunde gewissermaßen zum Bedürfniß werden können, ohne daß er deswegen eigennützig werde; so kann auch dem Mann von Geschmak das Vergnügen am Schönen, durch die Gewöhnung dazu, zum Bedürfniß werden, ohne deswegen seine ursprüngliche Reinheit zu verlieren. Wir bedürfen des Schönen bloß, weil wir Gelegenheit zu haben wünschen, ihm durch Anerkennung seiner Schönheit zu huldigen.

Ein Ding kann also nicht deswegen schön sein, weil es uns Vergnügen macht, sonst müßte auch alles Nützliche schön sein; sondern was uns Vergnügen macht, ohne eigentlich zu nützen, nennen wir schön. Nun kann aber das Unnütze oder Un-[231]zwekmäßige unmöglich einem vernünftigen Wesen Vergnügen machen. Wo also bei einem Gegenstande ein äußerer Nutzen oder Zwek fehlt, da muß dieser in dem Gegenstande selbst gesucht werden, sobald derselbe mir Vergnügen erwekken soll; oder: ich muß in den einzelnen Theilen desselben so viel Zwekmäßigkeit finden, daß ich vergesse zu fragen, wozu nun eigentlich das Ganze soll? Das heißt mit andern Worten: ich muß an einem schönen Gegenstande nur um sein selbst willen Vergnügen finden; zu dem Ende muß der Mangel der äußern Zwekmäßigkeit durch seine innere Zwekmäßigkeit ersetzt sein; der Gegenstand muß etwas in sich selbst Vollendetes sein.

Ist nun die innere Zwekmäßigkeit in einem schönen Kunstwerke nicht groß genug, um mich die äußere darüber vergessen zu lassen; so frage ich natürlicher Weise: wozu das Ganze? Antwortet mir der Künstler: um dir Vergnügen zu machen; so frage ich ihn weiter: was hast du für einen Grund, mir durch dein Kunstwerk eher Vergnügen als Mißvergnügen zu erwekken? Ist dir an meinem Vergnügen so viel gelegen, daß du dein Werk mit Bewußtsein unvollkommner machen würdest, als es ist, damit es nur nach meinem vielleicht verdorbnem Geschmak wäre; oder ist dir nicht vielmehr an deinem Werke so viel gelegen, daß du mein Vergnügen zu demselben hinaufzustimmen suchen wirst, damit seine Schönheiten von mir empfunden [232] werden? Ist das letztere, so sehe ich nicht ab, wie mein zufälliges Vergnügen der Zwek von deinem Werke sein könnte, da dasselbe durch dein Werk selbst erst in mir erwekt und bestimmt werden mußte. Nur in so fern du weißt, daß ich mich gewöhnt habe, an dem, was wirklich in sich vollkommen ist, Vergnügen zu empfinden, ist dir mein Vergnügen lieb; dies würde aber nicht so sehr bei dir in Betracht kommen, wenn es dir bloß um mein Vergnügen, und nicht vielmehr darum zu thun wäre, daß die Vollkommenheit deines Werks durch den Antheil, den ich daran nehme, bestätiget werden soll. Wenn das Vergnügen nicht ein *so sehr untergeordneter Zwek*, oder vielmehr nur eine natürliche Folge bei den Werken der schönen Künste wäre; warum würde der ächte Künstler es denn nicht auf so viele als möglich zu verbreiten suchen, statt daß er oft die angenehmen Empfindungen von vielen Tausenden, die für seine Schönheiten keinen Sinn haben, der Vollkommenheit seines Werks aufopfert? – Sagt der Künstler: aber wenn mein Werk gefällt oder Vergnügen erwekt, so habe ich doch meinen Zwek erreicht; so antworte ich: umgekehrt! weil du deinen Zwek erreicht hast, so gefällt dein Werk, oder daß dein Werk gefällt, *kann vielleicht ein Zeichen* sein, daß du deinen Zwek in dem Werke selbst erreicht hast. War aber der eigentliche Zwek bei deinem Werke mehr das Vergnügen, das du [233] dadurch bewürken wolltest, als die Vollkommenheit des Werks in sich selber; so wird mir eben dadurch der Beifall schon sehr verdächtig, den dein Werk bei diesem oder jenem erhalten hat.

»Aber ich strebe nur den Edelsten zu gefallen.« – Wohl! aber dies ist nicht dein letzter Zwek; denn ich darf noch fragen: warum strebst du gerade den Edelsten zu gefallen? Doch wohl, weil diese sich gewöhnt haben, an dem Vollkommensten das größte Vergnügen zu empfinden? Du beziehst ihr Vergnügen auf dein Werk zurük, dessen Vollkommenheit du dadurch willst bestätiget sehen. Muntre dich immer durch den Gedanken an den Beifall der Edlen zu deinem Werke auf; aber mache ihn selber nicht zu deinem letzten und höchsten Ziele, sonst wirst du ihn am ersten verfehlen. Auch der schönste Beifall will nicht erjagt, sondern nur auf dem Wege mitgenommen sein. Die Vollkommenheit deines Werks fülle während der Arbeit deine ganze Seele, und stelle selbst den süßesten Gedanken des Ruhms in Schatten, daß dieser nur zuweilen hervortrete, dich aufs neue zu beleben, wenn dein Geist anfängt, laß zu werden; dann wirst du ungesucht erhalten, wornach Tausende sich vergeblich bemühen. Ist aber die Vorstellung des Beifalls dein Hauptgedanke, und ist dir dein Werk nur in so fern werth, als es dir Ruhm verschaft; so thu Verzicht auf den Beifall der Edlen. Du arbeitest nach einer eigennützigen Richtung: [234] der Brennpunkt des Werks wird außer dem Werke fallen, du bringst es nicht um sein selbst willen, und also auch nichts Ganzes, in sich Vollendetes, hervor. Du wirst falschen Schimmer suchen, der vielleicht eine Zeitlang das Auge des Pöbels blendet, aber vor dem Blik des Weisen wie Nebel verschwindet.

Der wahre Künstler wird die höchste innere Zwekmäßigkeit oder Vollkommenheit in sein Werk zu bringen suchen; und wenn es dann Beifall findet, wird's ihn freuen, aber seinen eigentlichen Zwek hat er schon mit der Vollendung des Werks erreicht. So wie der wahre Weise die höchste mit dem Lauf der Dinge harmonische Zwekmäßigkeit in alle seine Handlungen zu bringen sucht; und die reinste Glükseligkeit, oder den fortdaurenden Zustand angenehmer Empfindungen, als eine sichre Folge davon, aber nicht als das Ziel derselben betrachtet. Denn auch die reinste Glükseligkeit will nur auf dem Wege zur Vollkommenheit m i t g e n o m m e n, und nicht erjagt sein. Die Glükseligkeitslinie läuft mit der Vollkommenheitslinie nur parallel; sobald jene zum Ziele gemacht wird, muß die Vollkommenheitslinie lauter schiefe Richtungen bekommen. Die einzelnen Handlungen, in so fern sie bloß zu einem Zustande angenehmer Empfindungen abzwekken, bekommen zwar eine anscheinende Zwekmäßigkeit; aber sie machen zusammen kein übereinstimmendes harmonisches Ganze [235] aus. Eben so ist es auch in den schönen Künsten, wenn der Begriff der Vollkommenheit oder des in sich selbst Vollendeten dem Begriff vom Vergnügen untergeordnet wird.

»Also ist das Vergnügen gar nicht Zwek?« – Ich antworte: was ist Vergnügen anders, oder woraus entsteht es anders, als aus dem Anschauen der Zwekmäßigkeit? Gäbe es nun etwas, wovon das Vergnügen selbst allein der Zwek wäre; so könnte ich die Zwekmäßigkeit jenes Dinges bloß aus dem Vergnügen beurtheilen, welches mir daraus erwächst. Mein Vergnügen selbst aber muß ja erst aus dieser Beurtheilung entstehen; es müßte also da sein, ehe es da wäre. Auch muß ja der Zwek immer etwas Einfacheres als die Mittel sein, welche zu demselben abzwekken: nun ist aber das Vergnügen an einem schönen Kunstwerke eben so zusammengesetzt, als das Kunstwerk selber, wie kann ich es denn als etwas Einfacheres betrachten, worauf die einzelnen Theile des Kunstwerks abzwekken sollen? Eben so wenig wie die Darstellung eines Gemäldes in einem Spiegel der Zwek seiner Zusammensetzung sein kann; denn diese wird allemal von selbst erfolgen, ohne daß ich bei der Arbeit die mindeste Rüksicht darauf zu nehmen brauche. Stellt nun ein angelaufner Spiegel mein Kunstwerk desto unvollkommner dar, je vollkommner es ist; so werde ich es doch wohl nicht deswegen unvollkommner machen, damit weniger Schön-[236]heiten in dem angelaufenen Spiegel verlohren gehen? –

Über die bildende Nachahmung des Schönen

[3] Wenn der griechische Schauspieler, in der Komödie des Aristophanes dem Sokrates auf dem Schauplatze, und der Weise ihm im Leben nachahmt: so ist das Nachahmen von beiden so sehr verschieden, daß es nicht wohl mehr unter einer und eben derselben Benennung begriffen werden kann: wir sagen daher der Schauspieler *parodierte* den Sokrates, und der Weise *ahmt ihm nach*.

Dem Schauspieler war es freilich nicht darum zu thun, dem Sokrates im Ernst nachzuahmen, sondern vielmehr nur, das Eigenthümliche desselben, oder seine *Individualität* in Gang, Miene, Stellung und Gebehrden, auf eine gewisse übertriebne Art, wodurch sie bei dem Zuschauer lächerlich werden sollte, *nachzubilden*. Weil dieß nun der Schauspieler mit Bewußtseyn, und gleichsam im Scherz that, so sagen wir: er parodierte den Sokrates.

[4] Wäre aber der Schauspieler, den wir hier vor uns sehen, nicht Schauspieler, sondern irgend einer aus dem Volke, der dem Sokrates, welchem er sich innerlich schon ähnlich dünckte, nun auch im Äussern, in Gang, Stellung und Gebehrden, *im Ernst* nachzuahmen suchte; so würden wir von diesem Thoren sagen: er *äfft* dem Sokrates nach; oder, er verhält sich zum Sokrates ohngefähr so, wie der Affe, in seinen possierlichen Stellungen und Gebehrden, sich zum Menschen verhält.

Der Schauspieler also schließt den Weisen aus, und parodiert nur den Sokrates; denn die Weisheit läßt sich nicht parodieren: der Weise schließt in seiner Nachahmung den Sokrates aus, und ahmt in ihm nur den Weisen nach; denn die Individualität des Sokrates kann wohl parodiert und nachgeäfft, aber nie nachgeahmt werden. Der Thor hat keinen Sinn für die Weisheit und hat doch Nachahmungstrieb: er ergreift also, was ihm am nächsten liegt; äfft nach, um nicht nachahmen zu dürfen; trägt die ganze Oberfläche einer fremden Individualität auf die seinige über, und die Basis oder das Selbstgefühl dazu legt ihm seine Thorheit unter.

Wir sehen also aus dem Sprachgebrauch, daß Nachahmen, im edlern moralischen Sinn, mit den Begriffen von nachstreben und wetteifern fast gleichbedeutend wird; weil die Tugend, welche ich z. B. in einem gewissen Vorbilde nachahme, etwas Allgemeines, über die Individualität Erhabnes ist, das von jeder-[5]mann, der darnach strebt, und also auch von mir sowohl, als von meinem Vorbilde, mit dem ich zu wetteifern suche, erreicht werden kann. Weil ich aber diesem Vorbilde doch einmal nachstehe, und ein gewisser Grad von edler Gesinnung und Handlungsweise mir ohne dasselbe vielleicht nicht so bald, oder gar nie denkbar geworden wäre: so nenne ich mein Streben nach einem gemeinschaftlichen Gute, das auch von meinem Vorbilde erst mußte errungen werden, eine Nachahmung dieses Vorbildes.

Ich ahme meinem Vorbilde nach; ich strebe ihm nach; ich suche mit ihm zu wetteifern. – Durch mein Vorbild ist mir bloß das Ziel höher, als von mir selbst, hinaufgesteckt. Nach diesem Ziele muß ich nun, nach meinen Kräften, auf meine Weise, streben; zuletzt mein Vorbild selbst vergessen, und suchen, wenn es möglich wäre, das Ziel noch weiter hinaus zu stecken.

Durch diese Gesinnung muß das Nachahmen im edlern moralischen Sinn erst seinen eigentlichen Werth erhalten. – Und es frägt sich nun: wie von diesem Nachahmen im moralischen Sinn, das Nachahmen in den schönen Künsten, oder von der Nachahmung des Guten und Edlen, die Nachahmung des Schönen unterschieden sey? –

Diese Frage muß sich alsdann von selbst beantworten, wenn wir die Begriffe von Schön und Gut, wiederum nach dem Sprachgebrauch, gehörig unterscheiden: denn daß dieser sie oft verwechselt, darf uns [6] hier nicht kümmern, wo es beym Nachdenken über die Sache bloß aufs Unterscheiden ankömmt; und nothwendig, so wie auf dem Globus, gewisse feste Grenzlinien, die in der Natur selbst nicht Statt finden, gezogen werden müssen, wenn die Begriffe sich nicht wiederum eben so, wie ihre Gegenstände, unmerklich in einander verlieren und verschwimmen sollen: ein getreuerer Abdruck der Natur können sie in diesem letztern Falle seyn, aber das eigentliche Denken, welches nun einmal im Unterscheiden besteht, hört auf.

Nun schließt sich aber im Sprachgebrauch das Gute und Nützliche, so wie das Edle und Schöne, natürlich aneinander; und diese vier verschiednen Ausdrücke bezeichnen eine so feine Abstufung der Begriffe, und bilden ein so zartes Ideenspiel, daß es dem Nachdenken schwer werden muß, das immer ineinander sich unmerklich wieder Verlierende gehörig auseinander zu halten, und es einzeln und abgesondert zu betrachten. So viel fällt demohngeachtet deutlich in die Augen, daß das bloß Nützliche dem Schönen und Edlen, mehr als das Gute, entgegenstehe; weil durch das Gute vom bloß Nützlichen zum Schönen und Edlen schon der Übergang gemacht wird.

Wir denken uns z. B. unter einem nützlichen Menschen einen solchen, der nicht sowohl an und für sich selbst, als vielmehr nur in Beziehung auf irgend einen Zusammenhang von Dingen ausser ihm, unsre Aufmerksamkeit verdienet: der gute Mensch hingegen fängt schon an und für sich selbst betrachtet, an, un-[7]sre Aufmerksamkeit auf sich zu ziehen und unsre Liebe zu gewinnen; in so fern wir uns nehmlich denken, daß er, seinem innern Fond von Güte nach, uns nie durch Eigennutz und Selbstsucht schaden, in den Zusammenhang von Dingen, worinn wir uns befinden, nicht leicht disharmonisch eingreifen, kurz, unsern Frieden nicht stören wird. – Der edle Mensch aber, zieht, für sich ganz allein, unsre ganze Aufmerksamkeit und Bewundrung auf sich; ohne alle Rücksicht auf irgend etwas ausser ihm, oder auf irgend einen Vortheil, der uns für unsre eigne Person aus seinem Daseyn erwachsen könnte.

Und weil nun der edle Mensch, um edel zu seyn, der körperlichen Schönheit nicht bedarf, so scheiden sich hier wiederum die Begriffe von Schön und Edel, indem durch das letztre die innre Seelenschönheit, im Gegensatz gegen die Schönheit auf der Oberfläche, bezeichnet wird. In so fern nun aber die äussre Schönheit zugleich mit ein Abdruck der innern Seelenschönheit ist, faßt sie auch das Edle in sich, und sollte es, ihrer Natur nach, eigentlich stets in sich fassen. Hiedurch hebt sich aber demohngeachtet der Unterschied zwischen schön und edel nicht wieder auf. Denn unter einer edlen Stellung denken wir uns z. B. eine solche, die zugleich eine gewisse innere Seelenwürde bezeichnet: irgend eine leidenschaftliche Stellung aber kann demohngeachtet immer noch eine schöne Stellung seyn, wenn gleich nicht eine solche innere Seelenwür-[8]de ausdrücklich dadurch bezeichnet wird; nur darf sie einem gewissen Grade von innerer Würde nie geradezu widersprechen; sie darf nie unedel seyn.

Hieraus erklärt sich nun zugleich beiläufig der Begriff vom edlen Stil in Kunstwerken jeder Art, welcher kein andrer ist, als derjenige, der zugleich mit eine innre Seelenwürde des hervorbringenden Genies bezeichnet. Ob nun gleich dieser edle Stil die andern untergeordneten Arten des Schönen nicht vom Gebiet des Schönen ausschließt, so schneidet er doch alles, was ihm geradezu entgegensteht, davon ab; er schließt das Unedle aus.

In so fern nun unter dem Edlen, im Gegensatz gegen das äussre Schöne, bloß die innre Seelenschönheit verstanden wird, können wir es auch, so wie das Gute, in uns selbst nachbilden. – Das Schöne aber, in so fern es sich dadurch vom Edlen unterscheidet, daß, im Gegensatz gegen das Innre, bloß das äussre Schöne darunter verstanden wird, kann durch die Nachahmung nicht in uns herein, sondern muß, wenn es von uns nachgeahmt werden soll, nothwendig wieder aus uns herausgebildet werden.

Der bildende Künstler kann z. B. die innre Seelenschönheit eines Mannes, den er sich in seinem Wandel zum Vorbilde nimmt, ihm nachahmend in sich übertragen. Wenn aber eben dieser Künstler sich gedrungen fühlte, die innre Seelenschönheit seines Vorbildes, in so fern sie sich in dessen Gesichtszügen abdrückt, nachzuahmen: so müsste er seinen Begriff da-[9]von nothwendig aus sich herauszubilden und ausser sich darzustellen suchen; indem er nehmlich diese Gesichtszüge nicht geradezu nachbildete, sondern sie gleichsam nur zu Hülfe nähme, um die in sich empfundne Seelenschönheit eines fremden Wesens auch ausser sich wieder darzustellen.

Die eigentliche Nachahmung des Schönen unterscheidet sich also zuerst von der moralischen Nachahmung des Guten und Edlen dadurch, daß sie, ihrer Natur nach, streben muß, nicht, wie diese, in sich hinein, sondern aus sich heraus zu bilden.

Wenden wir nun die Begriffe von Gut, Schön und Edel wiederum auf den Begriff von Handlung an; so denken wir uns unter einer guten Handlung eine solche, die nicht allein um ihrer Folgen, sondern zugleich um ihrer Beweggründe willen, unsre Aufmerksamkeit erregen, und unsern Beifall verdienen kann: bei der Schätzung einer edlen Handlung vergessen wir ganz die Folge, und sie scheinet uns allein schon um ihrer Beweggründe, das ist, um ihrer selbst willen, unsrer Bewundrung werth. Betrachten wir nun eine solche Handlung nach ihrer *Oberfläche*, von der sie einen sanften Schein in unsre Seele wirft, oder nach der angenehmen Empfindung, die ihre blosse Betrachtung in uns erweckt; so nennen wir sie eine *schöne* Handlung: wollen wir aber ihren innern Werth ausdrücken, so nennen wir sie *edel*. Jede schöne *Handlung* aber muß nothwendig auch edel seyn: das Edle ist bei ihr die Basis oder der Fond des Schönen, durch [10] welches sie in unser Auge leuchtet. Durch den Mittelbegriff des Edeln also wird der Begriff des Schönen wieder zum Moralischen hinübergezogen und gleichsam daran festgekettet. Wenigstens werden dem Schönen dadurch die Grenzen vorgeschrieben, die es nicht überschreiten darf.

Da wir nun einmal genöthigt sind, uns den Begriff von der Nachahmung des eigentlichen Schönen, den wir nicht haben, aus dem Begriff von der moralischen Nachahmung des Guten und Edlen, den wir haben, zu entwickeln; und, da wir uns die eigentliche Nachahmung des Schönen, ausser dem Genuß der Werke selbst, die dadurch entstanden sind, gar nicht anders denken können, als in so fern sie sich von der bloß moralischen Nachahmung des Guten und Edlen unterscheidet: so müssen wir nun schon die Begriffe von nützlich, gut, schön, und edel, noch weiter in ihre feinern Abstufungen zu verfolgen suchen.

Dadurch also, daß z. B. die That des Mutius Scaevola erwünschte Folgen hatte, wurde sie nicht im geringsten edler, als sie war; und würde auch, ohne den Erfolg, von ihrem innern Werth nichts verlohren haben: sie brauchte nicht *nützlich* zu seyn, um edel zu seyn; bedurfte des Erfolges nicht, eben weil sie ihren innern Werth in sich selber hatte: und wodurch anders hatte sie diesen Werth, als durch sich selbst, durch ihr Daseyn?

Das Edle und Grosse der Handlung lag ja eben darinn, daß der junge Held, auf jeden Erfolg gefaßt, [11] das alleräusserste wagte, und, da es ihm mißlang, ohne Bedenken seine Hand in die lodernde Flamme streckte, ohne noch zu wissen, was sein Feind, in dessen Gewalt er war, über ihn verhängen würde. – So kann nur der handeln, welcher eine grosse That, deren Erfolg so äusserst ungewiß ist, *um dieser That selbst willen* unternimmt, wovon allein schon das grosse Bewußtseyn ihn für jeden mißlungnen Versuch schadlos hält.

Wäre Mutius, unter andern Umständen, bloß das Werkzeug eines Andern, dem er aus Pflicht gehorchte, zu einer ähnlichen That gewesen, und hätte sie, mit Beistimmung seines Herzens, vortreflich, und so wie er sollte, ausgeführt: so hätte er zwar noch nicht edel, aber gut gehandelt: denn obgleich seine Handlung auch schon vielen Werth in sich selber hat, so wird doch immer ihre Güte zugleich mit durch den Erfolg bestimmt.

Hätte aber eben dieser Mutius den Angriff auf den Feind seines Vaterlandes, meuchelmörderischer Weise, aus Privatrache und persönlichem Haß gethan, und sie wäre ihm nicht mißlungen: so hätte sie seinem Vaterlande, ohne gut und edel zu seyn, dennoch genützt, und hätte, ohne den mindesten innern Werth zu haben, dennoch *durch den Erfolg*, eine Art von äussrem Werth erhalten.

Wie nun das Gute zum Edlen, eben so muß das Schlechte zum Unedlen sich verhalten: das Unedle ist der Anfang des Schlechten, so wie das Gute der An-[12]fang des Schönen und Edlen ist; und so wie eine bloß gute, noch keine edle, so ist eine bloß unedle deswegen noch keine schlechte Handlung. Und wie das Nützliche zum Guten, eben so verhält wiederum das Unnütze sich zum Schlechten; das Schlechte ist gleichsam der Anfang des Unnützen, so wie das Nützliche schon der Anfang des Guten ist. Wie das bloß Nützliche deswegen noch nicht gut ist, so ist auch das bloß Schlechte deswegen noch nicht unnütz.

Nun steigen die Begriffe von unedel, schlecht, und unnütz, eben so herab, wie die Begriffe von nützlich, gut, und schön heraufsteigen. Von den heraufsteigenden Begriffen steht das Edle und Schöne ⟨auf der höchsten, so wie von den herabsteigenden das Unnütze⟩ auf der niedrigsten Stufe. Von allen diesen Begriffen nun, stehen der vom Schönen, und der vom Unnützen am weitesten voneinander ab, und scheinen sich am stärksten entgegengesetzt zu seyn; da wir doch vorher gesehen haben, daß das Schöne und Edle sich eben dadurch vom Guten unterscheidet, daß es nicht nützlich seyn darf, um schön zu seyn, und also der

Begriff vom Schönen mit dem Begriff vom Unnützen oder nicht Nützlichen sehr wohl müßte zusammen bestehen können.

Hier zeigt es sich nun, wie ein Zirkel von Begriffen zuletzt sich wieder in sich selbst verliert, indem seine beiden äussersten Enden gerade da wieder zusammenstossen, wo, wenn sie nicht zusammenstiessen, von einem zum andern der weiteste Weg seyn würde.

[13] Der Begriff vom Unnützen nehmlich, in so fern es gar keinen Zweck, keine Absicht ausser sich hat, warum es da ist, schließt sich am willigsten und nächsten an den Begriff des Schönen an, in so fern dasselbe auch keines Endzwecks, keiner Absicht, warum es da ist, ausser sich bedarf, sondern seinen ganzen Werth, und den Endzweck seines Daseyns in sich selber hat.

In so fern aber nun das Unnütze nicht zugleich auch schön ist, fällt es auf einmal wieder am allerweitesten vom Begriff des Schönen bis unter das Schlechte hinab, weil es nun weder in sich noch ausser sich, eine Absicht hat, warum es da ist, und sich also gleichsam selbst aufhebt. Ist aber das Unnütze, oder dasjenige, was ausser sich keinen Endzweck seines Daseyns hat, zugleich auch schön, so steigt es plötzlich auf die höchste Stufe der Begriffe bis über das Nützliche und Gute empor, indem es eben deswegen keines Endzwecks ausser sich bedarf, weil es in sich so vollkommen ist, daß es den ganzen Endzweck seines Daseyns in sich selbst hat.

Die drei aufsteigenden Begriffe von nützlich, gut und schön, und die drei absteigenden von unedel, schlecht und unnütz, bilden also aus dem Grunde einen Zirkel, weil die beiden äussersten Begriffe vom Unnützen und vom Schönen sich gerade am wenigsten einander ausschliessen; und der Begriff des Unnützen von dem einen, für den Begriff des Schönen von dem [14] andern Ende, gleichsam die Fuge wird, in die es sich am leichtesten hineinstehlen, und unmerklich sich darin verlieren kann.

Steigen wir nun die Leiter der Begriffe herab, so verträgt sich schön und edel zwar mit unnütz, aber nicht mit schlecht und unedel; gut verträgt sich mit unedel, aber nicht mit schlecht und unnütz; nützlich mit schlecht und unedel, aber nicht mit unnütz; unedel mit gut und nützlich, aber nicht mit schön; schlecht mit nützlich, aber nicht mit schön und gut; unnütz mit schön, aber nicht mit gut und nützlich. – Die Begriffe müssen sich immer gerade da wieder entgegen kommen, wo sie am weitesten von einander abzuweichen, und sich zu verlassen scheinen.

Allein wir dürfen itzt dieß Ideenspiel nur so weit verfolgen, als es unserm Zweck uns näher führt, unsre Vorstellung von der Nachahmung des Schönen, durch den Begriff des Schönen aufzuhellen. Nun kann aber nur die Vorstellung von dem, was das Schöne *nicht zu seyn braucht*, um schön zu seyn, und was als überflüssig davon betrachtet werden muß, uns auf einen nicht unrichtigen Begriff des Schönen führen, indem wir uns alles, was nicht dazu gehört, um dasselbe her hinweg, und also wenigstens den wahren Umriß des leeren Raumes denken, wohinein das von uns Gesuchte, wenn es positiv von uns gedacht werden könnte, nothwendig passen müßte.

Da nun aus der vorhergegangenen Nebeneinanderstellung klar ist, daß die Begriffe von schön und un-[15]nütz nicht nur einander nicht ausschliessen, sondern sogar sich willig ineinander fügen: so muß das Nützliche offenbar an dem Schönen als überflüssig, und wenn es sich daran befindet, doch als zufällig, und als nicht dazu gehörig betrachtet werden, weil die wahre Schönheit, eben so wie das Edle in der Handlung, durch das Nützliche dabei weder vermehrt, noch durch den Mangel desselben auf irgend eine Weise vermindert werden kann.

Wir können also das Schöne im Allgemeinen auf keine andre Weise erkennen, als in so fern wir es dem Nützlichen entgegenstellen, und es davon so scharf wie möglich unterscheiden. Eine Sache wird nehmlich dadurch noch nicht schön, daß sie nicht nützlich ist, sondern dadurch, daß sie nicht nützlich zu seyn *braucht*. Um nun aber die Frage zu beantworten, wie denn eine Sache beschaffen seyn müsse, damit sie nicht nützlich zu seyn brauche, müssen wir wiederum erst den Begriff des Nützlichen noch mehr zu entwickeln suchen.

Unter Nutzen denken wir uns nehmlich die Beziehung eines Dinges, als Theil betrachtet, auf einen Zusammenhang von Dingen, den wir uns als ein Ganzes denken. Diese Beziehung muß nehmlich von der Art seyn, daß der Zusammenhang des Ganzen beständig dadurch gewinnt und erhalten wird: je mehrere solcher Beziehungen nun eine Sache auf den Zusammenhang, worinn sie sich befindet, hat, um desto nützlicher ist dieselbe.

[16] Jeder Theil eines Ganzen muß auf die Weise mehr oder weniger Beziehung auf das Ganze selbst haben: das Ganze, als Ganzes betrachtet, hingegen, braucht weiter keine Beziehung auf irgend etwas ausser sich zu haben. So muß jeder Bürger eines Staats eine gewisse Beziehung auf den Staat haben, oder dem Staate nützlich seyn; der Staat selbst aber braucht in so fern er in sich allein ein Ganzes bil-

det, weiter keine Beziehung auf irgend etwas ausser sich zu haben, und braucht also auch nicht weiter nützlich zu seyn.

Hieraus sehen wir also, daß eine Sache, um nicht nützlich seyn zu dürfen, nothwendig ein für sich bestehendes Ganze seyn müsse, und daß also mit dem Begriff des Schönen der Begriff von einem für sich bestehenden Ganzen unzertrennlich verknüpft ist. – Daß aber dieß demohngeachtet noch nicht zum Begriff des Schönen hinreicht, sehen wir daraus, weil wir z. B. mit dem Begriff vom Staat, ob derselbe gleich ein für sich bestehendes Ganze ist, dennoch den Begriff der Schönheit nicht wohl verknüpfen können, indem derselbe in seinem ganzen Umfange, weder in unsern äussern Sinn fällt, noch von der Einbildungskraft umfaßt, sondern bloß von unserm Verstande gedacht werden kann.

Aus eben dem Grunde können wir auch mit dem ganzen Zusammenhange der Dinge den Begriff von Schönheit nicht eigentlich verknüpfen, eben weil dieser Zusammenhang, in seinem ganzen Umfange, weder in unsre Sinnen fällt, noch von unsrer Einbildungs-[17]kraft umfaßt werden kann, gesetzt daß er auch von unserm Verstande gedacht werden könnte.

Zu dem Begriff des Schönen, welches uns daraus entsprungen ist, daß es nicht nützlich zu seyn braucht, gehört also noch, daß es nicht nur oder nicht sowohl, ein für sich bestehendes Ganze wirklich sey, als vielmehr nur wie ein für sich bestehendes Ganze, in unsre Sinne fallen, oder von unsrer Einbildungskraft umfaßt werden könne.

Und so wie nun das Nützliche seine Grade hat, eben so muß sie auch das Schöne haben: je mehr Zusammenhang befördernde Beziehungen nämlich eine nützliche Sache auf den Zusammenhang, worinn sie sich befindet, hat, um desto nützlicher ist sie; und je mehrere solcher Beziehungen eine schöne Sache von ihren einzelnen Theilen zu ihrem Zusammenhange, das ist, zu sich selber, hat, um desto schöner ist sie.

So wie nun das Schöne, unbeschadet seiner Schönheit auch nützen kann, ob es gleich nicht um zu nützen da ist; so kann das Nützliche auch, unbeschadet seines Nutzens, in einem gewissen Grade schön seyn, ob es gleich nur um zu nutzen da ist.

Allein es darf die Linie um kein Haarbreit überschreiten; so bald der Zweck des Nützlichen, wozu es da ist, unter der angemaßten Schönheit leidet, bleibt es weder schön noch nützlich mehr, sinkt unter sich selbst herab, und hebt sich selber auf.

Wenn das Schöne sich an dem Nützlichen befindet, muß es sich auch dem Nützlichen unterordnen [18] – es ist nicht um sein selbst willen da – es dient das Nützliche aufzuschmücken – steigt also selbst zum Nützlichen herab, und fließt mit ihm zusammen – Es giebt seine Ansprüche mit seinem Nahmen auf; tritt in gemessene Schranken; wird zur bescheidnen Zierde, zur simplen Eleganz.

Aus der höchsten Mischung des Schönen mit dem Edlen, da wo das äussere Schöne ganz in Ausdruck innrer Würde und Hohheit übergeht, erwächst der Begriff des Majestätischen – Denken wir uns das Majestätische belebt, so muß es die Welt beherrschen, der Dinge Zusammenhang in sich fassen; der Erdkreis muß vor ihm sich beugen.

Wenn wir das Edle in Handlung und Gesinnung mit dem Unedlen messen, so nennen wir das Edle groß, das

Unedle klein. – Und messen wir wieder das Grosse, Edle und Schöne nach der Höhe, in der es über uns, unsrer Fassungskraft kaum noch erreichbar ist, so geht der Begriff des Schönen in den Begriff des *Erhabnen* über.

In so fern aber nun in einem schönen Werke die mannichfaltigen Beziehungen der einzelnen Theile zum Ganzen, nicht nur oder nicht sowohl von unserm Verstande gedacht werden, als vielmehr nur in unsern *äussren Sinn* fallen, oder von unsrer *Einbildungskraft* umfaßt werden müssen, in so fern schreiben unsre *Empfindungswerkzeuge* dem Schönen wieder sein *Maaß* vor.

[19] Sonst würde freilich der Zusammenhang der ganzen Natur, welcher zu sich selber, als zu dem größten uns denkbaren Ganzen, die meisten Beziehungen in sich faßt, auch für uns das höchste Schöne seyn, wenn derselbe nur einen Augenblick von unsrer Einbildungskraft umfaßt werden könnte.

Denn dieser grosse Zusammenhang der Dinge ist doch eigentlich das einzige, wahre Ganze; jedes einzelne Ganze in ihm, ist, wegen der unauflößlichen Verkettung der Dinge, nur *eingebildet* – aber auch selbst dies Eingebildete muß sich dennoch, als Ganzes betrachtet, jenem grossen Ganzen in unsrer Vorstellung ähnlich, und nach eben den ewigen, festen Regeln bilden, nach welchen dieses sich von allen Seiten auf seinen Mittelpunkt stützt, und auf seinem eignen Daseyn ruht.

Jedes schöne Ganze aus der Hand des bildenden Künstlers, ist daher im Kleinen ein Abdruck des höchsten Schönen im grossen Ganzen der Natur; welche das noch *mittelbar* durch die bildende Hand des Künstlers nacherschafft, was unmittelbar nicht in ihren grossen Plan gehörte.

Wem also von der Natur selbst, der Sinn für ihre Schöpfungskraft in sein ganzes Wesen, und das *Maaß* des Schönen in Aug' und Seele gedrückt ward, der begnügt sich nicht, sie anzuschauen; er muß ihr nachahmen, ihr nachstreben, in ihrer geheimen Werkstatt sie belauschen, und mit der lodernden Flamm' im Busen bilden und schaffen, so wie sie: –

[20] Indem seine glühende Spähungskraft in das Innre der Wesen dringt, bis auf den Quell der Schönheit selbst, die feinsten Fugen löset; und auf der Oberfläche sie schöner wieder fügend, ihre edle Spur in weichen Ton eindrückt, in harten Stein sie bildet; oder auf flachem Grunde, mit trennender Spitze die Gestalt aus ihren Umgebungen sondert; durch kühnen Farbenanstrich die Masse selbst nachahmt; und durch Mischung von Licht und Schatten die Fläche dem Auge entgegen rückt.

Die Realität muß unter der Hand des bildenden Künstlers zur Erscheinung werden; indem seine durch den Stoff gehemmte Bildungskraft von innen, und seine bildende Hand von aussen, auf der Oberfläche der leblosen Masse zusammentreffen, und auf diese Oberfläche nun alles das hinübertragen, was sonst größtentheils vor unsern Augen sich in die Hülle der *Existenz* verbirgt, die durch sich selbst schon jede Erscheinung aufwiegt.

Von dem reellen und vollendeten Schönen also, was unmittelbar sich selten entwickeln kann, schuf die Natur doch *mittelbar* den Wiederschein durch Wesen⟨,⟩ in denen sich ihr Bild so lebhaft abdrückte, daß es sich ihr selber in ihre eigene Schöpfung wieder entgegenwarf. – Und so brachte sie, durch diesen verdoppelten Wiederschein sich in sich selber spiegelnd, über ihrer Realität schwebend und gaukelnd, ein Blendwerk hervor, das für ein sterbliches Auge noch reizender, als sie selber ist.

[21] Und obgleich auch der Mensch an seinem Platze in der Reihe der Dinge so beschränkt wie möglich ist, damit über ihm und unter ihm sich noch so viele verschiedne Arten des Daseyns, wie nur möglich sind, drängen mögen; so gab ihm dennoch die Natur, damit er in seiner Art so vollkommen wie möglich sey, ausser dem Genuß noch Bildungskraft; ließ ihn mit sich selbst wetteifern, und sich von ihm, damit keine Kraft in ihm unentwickelt bliebe, sogar dem Scheine nach, übertreffen.

Der Sinn aber für das höchste Schöne in dem harmonischen Bau des Ganzen, das die vorstellende Kraft des Menschen nicht umfaßt, liegt unmittelbar in der Thatkraft selbst, die nicht ehr ruhen kann, bis sie das, was in ihr schlummert, wenigstens irgend einer der vorstellenden Kräfte genähert hat. – Sie greift daher in der Dinge Zusammenhang, und was sie faßt, will sie der Natur selbst ähnlich, zu einem eigenmächtig für sich bestehenden Ganzen bilden. – Die Realität der Dinge, deren Wesen und Wirklichkeit eben in ihrer Einzelnheit besteht, wiederstrebt ihr lange, bis sie das innre Wesen, in die Erscheinung aufgelöst, sich zu eigen macht, und eine eigne Welt sich schafft, worin gar nichts Einzelnes mehr statt findet, sondern jedes Ding in seiner Art ein für sich bestehendes Ganze ist.

Die Natur konnte aber den Sinn für das höchste Schöne nur in die Thatkraft pflanzen, und durch dieselbe erst mittelbar einen Abdruck dieses höchsten Schö-[22]nen der

Einbildungskraft faßbar, dem Auge sichtbar, dem Ohre hörbar, machen; weil der Horizont der Thatkraft mehr umfaßt, als der äussre Sinn, und Einbildungs- und Denkkraft fassen kann.

In der Thatkraft liegen nämlich stets die Anlässe und Anfänge zu so vielen Begriffen, als die Denkkraft nicht auf einmal einander unterordnen; die Einbildungskraft nicht auf einmal neben einander stellen, und der äussre Sinn noch weniger auf einmal in der Wirklichkeit ausser sich fassen kann.

Die Denkkraft muß sich, um dem, was die thätige Kraft in dunkler Ahndung auf einmal faßt, nachzukommen, so oft wiederholen, bis sie den ganzen Fonds von Anfängen und Anlässen zu Begriffen, der in der Thatkraft ihr unterliegt, erschöpft hat, und alsdann den Kreislauf von neuem beginnen kann. – Die Einbildungskraft muß noch weit öfter sich wiederholen, weil sie nicht in einander- sondern nebeneinanderstellend, jedesmal um so weniger fassen kann. – Der äussre Sinn ist ein immerwährendes Wiederholen seiner selbst, weil er jedesmal nur so viel faßt, als in dem Horizonte, der undurchdringlich ihn umschließt, wirklich neben einander steht. – So wenig faßt der äussre Sinn, daß, um dem reichen Fonds von Anlässen zu Begriffen, die in der Thatkraft schlummern, nachzukommen, und alle zum Anschaun und zur Wirklichkeit zu bringen, kein Leben hinreicht, und, so lange wir athmen, das Auge sich nimmer satt sieht, das Ohr sich nimmer satt hört.

Je lebhafter spiegelnd nun das Organ von der dunkelahndenden Thatkraft, durch die unterscheidende Denkkraft, bis zu dem hellsehenden Auge, und deut-

lich vernehmenden Ohre, wird; um desto vollständiger und lebendiger werden zwar die Begriffe, aber um destomehr *verdrängen* sie sich auch, und *schliessen einander aus*. – Wo sie sich also am wenigsten einander ausschliessen, und ihrer am *meisten* neben einander bestehen können, das kann nur da seyn, wo sie am *unvollständigsten* sind, wo bloß ihre Anfänge oder ersten Anlässe zusammentreffen, die eben durch ihr Mangelhaftes und Unvollständiges, in sich selber den immerwährenden, unwiderstehlichen Reiz bilden, der sie zur vollständigen Wirklichkeit bringt.

Der Horizont der thätigen Kraft aber muß bei dem bildenden Genie *so weit, wie die Natur selber*, seyn: das heißt, die Organisation muß so fein gewebt seyn, und so unendlich viele *Berührungspunkte* der allumströmenden Natur darbieten, daß gleichsam die *äussersten Enden* von allen Verhältnissen der Natur im Großen, hier im Kleinen sich nebeneinander stellend, Raum genug haben, um sich einander nicht verdrängen zu dürfen.

Wenn nun eine Organisation von diesem feinern Gewebe, bei ihrer völligen Entwicklung, auf einmal in der dunklen Ahndung ihrer thätigen Kraft, ein *Ganzes* faßt, das weder in ihr Auge noch in ihr Ohr, weder in ihre Einbildungskraft noch in ihre Gedanken [24] kam; so muß nothwendig eine Unruhe, ein Mißverhältniß zwischen den sich wägenden Kräften so lange entstehen, bis sie wieder in ihr Gleichgewicht kommen.

Bei einer Seele, deren bloß thätige Kraft schon das *edle, grosse Ganze* der Natur in dunkler Ahndung faßt, kann die deutlich erkennende Denkkraft, die noch lebhafter darstellende Einbildungskraft, und der am hellsten spiegelnde äussre Sinn, mit der Betrachtung des Einzelnen im Zusammenhange der Natur, sich nicht mehr begnügen.

Alle die in der thätigen Kraft bloß dunkel geahndeten Verhältnisse jenes grossen Ganzen, müssen nothwendig auf irgend eine Weise entweder sichtbar, hörbar, oder doch der Einbildungskraft faßbar werden: und um dieß zu werden, muß die Thatkraft, worinn sie schlummern, sie nach sich selber, aus sich selber bilden. – Sie muß alle jenen Verhältnisse des grossen Ganzen, und in ihnen das höchste Schöne, wie an den Spitzen seiner Strahlen, in einen Brennpunkt fassen. – Aus diesem Brennpunkte muß sich, nach des Auges gemessener Weite, ein zartes und doch getreues Bild des höchsten Schönen ründen, das die vollkommensten Verhältnisse des grossen Ganzen der Natur, eben so wahr und richtig, wie sie selbst, in seinen kleinen Umfang faßt.

Weil nun aber dieser Abdruck des höchsten Schönen nothwendig an etwas haften muß, so wählt die bildende Kraft, durch ihre Individualität bestimmt, irgend einen sichtbaren, hörbaren, oder doch der Ein-[25]bildungskraft faßbaren Gegenstand, auf den sie den Abglanz des höchsten Schönen im verjüngenden Maasstabe überträgt. – Und weil dieser Gegenstand wiederum, wenn er wirklich, was er darstellt, wäre, mit dem Zusammenhange der Natur, die ausser sich selber kein wirklich eigenmächtiges Ganze duldet, nicht ferner bestehen könnte: so führet uns dies auf den Punkt, wo wir schon einmal waren: daß jedesmal das innre Wesen erst in die Erscheinung sich verwandeln müsse, ehe es, durch die Kunst, zu einem für sich bestehenden Ganzen gebildet werden, und ungehindert die Verhältnisse des grossen Ganzen der Natur, in ihrem völligen Umfange spiegeln kann.

Da nun aber jene grossen Verhältnisse, in deren völligen Umfange eben das Schöne liegt, nicht mehr unter das Gebiet der Denkkraft fallen; so kann auch der lebendige Begriff von der bildenden Nachahmung des Schönen, nur im Gefühl der thätigen Kraft, die es hervorbringt, im ersten Augenblick der Entstehung statt finden, wo das Werk, als schon vollendet, durch alle Grade seines allmähligen Werdens, in dunkler Ahndung, auf einmal vor die Seele tritt, und in diesem Moment der ersten Erzeugung gleichsam vor seinem wirklichen Daseyn, da ist; wodurch alsdann auch jener unnennbare Reiz entsteht, welcher das schaffende Genie zur immerwährenden Bildung treibt.

Durch unser Nachdenken über die bildende Nachahmung des Schönen, mit dem reinen Genuß der schönen Kunstwerke selbst, vereint, kann zwar etwas je-[26]nem lebendigen Begriff näherkommendes in uns entstehn, das den Genuß der schönen Kunstwerke uns erhöht. – Allein da unser höchster Genuß des Schönen dennoch sein werden aus unsrer eignen Kraft unmöglich mit in sich fassen kann – so bleibt der einzige höchste Genuß desselben immer dem schaffenden Genie, das es hervorbringt, selber; und das Schöne hat daher seinen höchsten Zweck, in seiner Entstehung, in seinem Werden schon erreicht: unser Nachgenuß desselben ist nur eine Folge seines Daseyns – und das bildende Genie ist daher im grossen Plane der Natur, zuerst um sein selbst, und dann erst um unsertwillen da; weil es nun einmal ausser ihm noch Wesen giebt, die selbst nicht schaffen und bilden, aber doch das Gebildete, wenn es einmal hervorgebracht ist, mit ihrer Einbildungskraft umfassen können.

Die Natur des Schönen besteht ja eben darinn, daß sein innres Wesen ausser den Grenzen der Denkkraft, in seiner Entstehung⟨,⟩ in seinem eignen Werden liegt. Eben darum, weil die Denkkraft beim Schönen nicht mehr fragen kann, warum es schön sey? ist es schön. – Denn es mangelt ja der Denkkraft völlig an einem *Vergleichungspunkte*, wornach sie das Schöne beurtheilen, und betrachten könnte. Was giebt es noch für einen Vergleichungspunkt für das ächte Schöne, als mit dem Inbegriff aller harmonischen Verhältnisse des grossen Ganzen der Natur, die keine Denkkraft umfassen kann? Alles einzelne hin und her in der Natur zerstreute Schöne, ist ja nur in so [27] fern schön, als sich dieser Inbegriff aller Verhältnisse jenes grossen Ganzen mehr oder weniger darinn offenbahrt. – Es kann also nie zum Vergleichungspunkte für das Schöne der bildenden Künste, eben so wenig als der wahren Nachahmung des Schönen zum Vorbilde dienen; weil das höchste Schöne im Einzelnen der Natur immer noch nicht schön genug für die stolze Nachahmung der grossen und majestätischen Verhältnisse des allumfassenden Ganzen der Natur ist. – Das Schöne kann daher nicht erkannt, es muß hervorgebracht – oder *empfunden* werden.

Denn weil in gänzlicher Ermanglung eines Vergleichungspunktes, einmal das Schöne kein Gegenstand der Denkkraft ist, so würden wir, in so fern wir es nicht selbst hervorbringen können, auch seines Genusses ganz entbehren müssen, indem wir uns nie an etwas *halten* könnten, dem das Schöne näher käme, als das Minderschöne – wenn nicht etwas die Stelle der hervorbringenden Kraft in uns ersetzte, das ihr so nahe wie möglich kömmt, ohne doch sie selbst zu seyn: – dieß ist nun, was wir *Geschmack* oder Empfindungsfähigkeit für das Schöne nennen, die, wenn sie in ihren Grenzen bleibt, den Mangel des höhern Genusses bei der Hervorbringung des Schönen, durch die ungestörte Ruhe der stillen Betrachtung ersetzen kann.

Wenn nämlich das Organ nicht fein genug gewebt ist, um dem einströmenden Ganzen der Natur so viele Berührungspunkte darzubieten, als nöthig sind, [28] um *alle* ihre grossen Verhältnisse vollständig im Kleinen abzuspiegeln, und uns noch ein Punkt zum völligen Schluß des Zirkels fehlt; so können wir statt der Bildungskraft nur Empfindungsfähigkeit für das Schöne, haben: jeder Versuch, es ausser uns wieder darzustellen, würde uns mißlingen, und uns desto unzufriedner mit uns selber machen, je näher unser Empfindungsvermögen für das Schöne an das uns mangelnde Bildungsvermögen grenzt.

Weil nämlich das Wesen des Schönen eben in seiner *Vollendung* in sich selbst besteht, so schadet ihm der letzte fehlende Punkt, so viel als tausend, denn er verrückt alle übrigen Punkte aus der Stelle, in welche sie gehören. – Und ist dieser *Vollendungspunkt* einmal verfehlt, so verlohnt ein Werk der Kunst der Mühe des Anfangs und der Zeit seines Werdens nicht; es fällt unter das schlechte bis zum Unnützen herab, und sein Daseyn muß nothwendig durch die Vergessenheit, worinn es sinkt, sich wieder aufheben.

Eben so schadet auch dem in das feinere Gewebe der Organisation gepflanzten Bildungsvermögen, der letzte zu seiner Vollständigkeit fehlende Punkt, soviel als tausend. – Der höchste Werth, den es als Empfindungsvermögen haben könnte, kömmt bei ihm, als Bildungskraft, eben so wenig wie der geringste, in Betrachtung. Auf dem Punkte, wo das Empfindungsvermögen seine Grenzen überschreitet, muß es [29] nothwendig unter sich selber sinken, sich aufheben, und vernichten.

Je vollkommner das Empfindungsvermögen für eine gewisse Gattung des Schönen ist, um desto mehr ist es in Gefahr sich zu täuschen, sich selbst für Bildungskraft zu nehmen, und auf die Weise durch tausend mißlungne Versuche, seinen Frieden mit sich selbst zu stören.

Es blickt z. B. beim Genuß des Schönen in irgend einem Werke der Kunst zugleich d u r c h d a s W e r d e n desselben, in die bildende Kraft, die es schuf, hindurch; und ahndet dunkel den höhern Grad des Genusses eben dieses Schönen, im Gefühl der Kraft, die mächtig genug war, es aus sich selbst hervorzubringen.

Um sich nun diesen höhern Grad des Genusses, welchen sie an einem Werke, das einmal schon da ist, unmöglich haben kann, auch zu verschaffen; strebt die einmal zu lebhaft gerührte Empfindung vergebens etwas Ähnliches aus sich selbst hervorzubringen; haßt ihr eignes Werk, verwirft es, und verleidet sich zugleich den Genuß alle des Schönen, das ausser ihr schon da ist, und woran sie nun eben deswegen, weil es ohne ihr Zuthun da ist, keine Freude findet. –

Ihr einziger Wunsch und Streben ist, des ihr versagten, höhern Genusses, den sie nur dunkel ahndet, theilhaftig zu werden: in einem schönen Werke, das ihr sein Daseyn dankt, mit dem Bewußtseyn von eigner Bildungskraft, sich selbst zu spiegeln. –

[30] Allein sie wird ihres Wunsches ewig nicht gewährt, weil Eigennutz ihn erzeugte; und das Schöne sich nur um

sein selbst willen von der Hand des Künstlers greifen, und willig und folgsam von ihm sich bilden läßt.

Wo sich nun in den schaffenwollenden Bildungstrieb, sogleich die Vorstellung vom *Genuß* des Schönen mischt, den es, wenn es vollendet ist, gewähren soll; und wo diese Vorstellung der *erste* und stärkste Antrieb unsrer Thatkraft wird, die sich zu dem, was sie beginnt, nicht in und durch sich selbst gedrungen fühlt; da ist der Bildungstrieb gewiß nicht rein: der Brennpunkt oder Vollendungspunkt des Schönen fällt in die *Wirkung* über das Werk hinaus; die Strahlen gehen *auseinander*; das Werk kann sich nicht in sich selber ründen.

Dem höchsten Genuß des aus sich selbst hervorgebrachten Schönen sich so nah zu dünken, und doch darauf Verzicht zu thun, scheint freilich ein harter Kampf – der dennoch äusserst leicht wird; wenn wir aus diesem Bildungstriebe, den wir uns einmal zu besitzen schmeicheln, um doch sein Wesen zu veredeln, jede Spur des Eigennutzes, die wir noch finden, tilgen; und jede Vorstellung des Genusses, den uns das Schöne, das wir hervorbringen wollen, wenn es nun da seyn wird, durch das Gefühl von unsrer eignen Kraft, gewähren soll, so viel wie möglich, zu verbannen suchen: so daß ⟨wir⟩, wenn wir auch mit [31] dem letzten Athemzuge es erst vollenden könnten, es dennoch zu vollenden strebten. –

Behält alsdann das Schöne, das wir ahnden, bloß an und für sich selbst, in seiner Hervorbringung, noch Reiz genug unsre Thatkraft zu bewegen; so dürfen wir getrost unserm Bildungstriebe folgen, weil er ächt und rein ist. –

Verliert sich aber, mit der gänzlichen Hinwegdenkung des Genusses und der Wirkung, auch der Reiz – so bedarf es ja keines Kampfes weiter – der Frieden in uns ist hergestellt – und das nun wieder in seine Rechte getretne Empfindungsvermögen eröfnet sich, zum Lohne für sein bescheidnes Zurücktreten in seine Grenzen, dem reinsten Genuß des Schönen, der mit der Natur seines Wesens bestehen kann.

Freilich kann nun der Punkt, wo Bildungs- und Empfindungskraft sich schneidet, so äusserst leicht verfehlt und überschritten werden, daß es gar nicht zu verwundern ist, wenn immer tausend falsche, angemaaßte Abdrücke des höchsten Schönen, gegen einen ächten, durch den falschen Bildungstrieb, in den Werken der Kunst entstehen.

Denn da die ächte Bildungskraft, sogleich bei der ersten Entstehung ihres Werks, auch schon den ersten, höhsten Genuß desselben, als ihren sichern Lohn, in sich selber trägt; und sich nur dadurch von dem falschen Bildungstriebe unterscheidet, daß sie den allerersten Moment ihres Anstosses durch sich selber, und [32] nicht durch die Ahndung des Genusses von ihrem Werke, erhält; und weil in diesem Moment der Leidenschaft die Denkkraft selbst kein richtiges Urtheil fällen kann, so ist es fast unmöglich, ohne eine Anzahl mislungner Versuche, dieser Selbsttäuschung zu entkommen.

Und selbst auch diese mißlungnen Versuche sind noch nicht immer ein Beweiß von Mangel an Bildungskraft, weil diese selbst da, wo sie ächt ist, oft eine ganz falsche Richtung nimmt, indem sie vor ihre Einbildungskraft stellen will, was vor ihr Auge, oder vor ihr Auge, was vor ihr Ohr gehört.

Eben weil die Natur die inwohnende Bildungskraft nicht

immer zur völligen Reife und Entwicklung kommen oder sie einen falschen Weg einschlagen läßt, auf dem sie sich nie entwickeln kann; so bleibt das ächte schöne *selten*.

Und weil sie auch aus dem angemaßten Bildungstriebe das Gemeine und Schlechte ungehindert entstehen läßt, so unterscheidet sich eben dadurch das ächte Schöne und Edle, durch seinen seltnen Werth, vom Schlechten und Gemeinen. –

In dem Empfindungsvermögen bleibt also stets die Lücke, welche nur durch das Resultat der Bildungskraft sich ausfüllt. – Bildungskraft und Empfindungsfähigkeit verhalten sich zu einander, wie Mann und Weib. Denn auch die Bildungskraft ist bei der ersten Entstehung ihres Werks, im Moment des höchsten Genusses, zugleich Empfindungsfähigkeit, und erzeugt, [33] wie die Natur, den Abdruck ihres Wesens aus sich selber.

Empfindungsvermögen sowohl als Bildungskraft sind also in dem feinern Gewebe der Organisation gegründet, in sofern dieselbe in allen ihren Berührungspunkten von den Verhältnissen des grossen Ganzen der Natur ein vollständiger oder doch fast vollständiger Abdruck ist.

Empfindungskraft sowohl als Bildungskraft umfassen mehr als Denkkraft, und die thätige Kraft, worinn sich beide gründen, faßt *zugleich* auch alles⟨,⟩ was die Denkkraft faßt, weil sie von allen Begriffen, die wir je haben können, die ersten Anlässe, stets sie aus sich herausspinnend, in sich trägt.

In sofern nun diese thätige Kraft alles, was nicht unter das Gebiet der Denkkraft fällt, *hervor bringend* in sich faßt, heisset sie Bildungskraft: und in sofern sie das, was ausser den Grenzen der Denkkraft liegt, der *Hervor-*

bringung sich entgegen neigend in sich begreift, heißt sie Empfindungskraft.

Bildungskraft kann nicht ohne Empfindung und thätige Kraft, die bloß thätige Kraft hingegen kann ohne eigentliche Empfindungs- und Bildungskraft, wovon sie nur die Grundlage ist, für sich allein statt finden.

In sofern nun diese bloß thätige Kraft ebenfalls in dem feinern Gewebe der Organisation sich gründet, darf das Organ nur überhaupt in alle seinen Berührungspunkten ein Abdruck der Verhältnisse des grossen Ganzen seyn, ohne daß eben der Grad der Vollstän-[34]digkeit erfordert würde, welche die Empfindungs- und Bildungskraft voraussetzt.

Von den Verhältnissen des grossen Ganzen, das uns umgiebt, treffen nämlich immer so viele in allen Berührungspunkten unsres Organs zusammen; daß wir dies grosse Ganze dunkel in uns fühlen, ohne es doch selbst zu s e y n: die in unser Wesen hineingesponnenen Verhältnisse jenes Ganzen streben, sich nach allen Seiten wieder auszudehnen: das Organ wünscht, sich nach allen Seiten bis ins Unendliche fortzusetzen. Es will das umgebende Ganze nicht nur in sich spiegeln, sondern so weit es kann, selbst dies umgebende Ganze seyn.

Daher ergreift jede höhere Organisation, ihrer Natur nach, die ihr untergeordnete, und trägt sie in ihr Wesen über. Die Pflanze den unorganisierten Stoff, durch bloses Werden und Wachsen – das Thier die Pflanzen durch Werden, Wachsen und Genuß – der Mensch verwandelt nicht nur Thier und Pflanze, durch Werden Wachsen und Genuß in sein innres Wesen; sondern faßt zugleich alles, was seiner Organisation sich unterordnet, durch die unter allen am hellsten geschliffne, *spiegelnde* Oberfläche seines Wesens, in den Umfang seines Daseyns auf, und stellt es, wenn sein Organ sich bildend in sich selbst vollendet, verschönert außer sich wieder dar.

Wo nicht, so muß er das, was um ihn her ist, durch *Zerstöhrung* in den Umfang seines wirklichen Daseyns ziehn, und verheerend um sich greifen, so [35] weit er kann; da einmal die reine unschuldige Beschauung seinen Durst nach ausgedehntem wirklichen Daseyn nicht ersetzen kann.

Mit dem sich angeschliffnen Stahle seines eingeschränkten Daseyns nicht mehr froh, strebt er, ausser sich selber, ein grösseres Ganze, als er selbst, zu seyn; stellt sich, zu einem Volk, zu einem Staat sich bildend, mit Wesen seiner Art zusammen, um Wesen seines gleichen, die sich ihm unterordnend ihm nicht dienen, mit ihm nicht eins seyn wollen, zu zerstören. –

Er steht auf dem höchsten Punkte seiner Wirksamkeit; der Krieg, die Wuth, das Feldgeschrei, das höchste Leben ist nah an den Grenzen seiner Zerstörung da. –

Kommen dann endlich die strebenden Kräfte wieder in ein glückliches Gleichgewicht; und macht die unruhige Wirksamkeit der stillen Beschauung Platz: so muß nothwendig in dem zum erstenmal in sich versunknen Menschen der Sinn für die umgebende Natur erwachen, die nie zerstört, als wo sie muß, und schonet, wo sie kann. – Er lernt allmälig das *Einzelne im Ganzen*, und in Beziehung auf das Ganze, sehen; fängt die grossen Verhältnisse dunkel an zu ahnden, nach welchen unzählige Wesen auf und ab, so wenig wie möglich sich verdrängen, und doch so nah wie möglich an einanderstossen. –

Dann steigt in seinen ruhigsten Momenten die Geschichte der Vorwelt, das ganze wunderbare Gewebe des Menschenlebens in alle seinen Zweigen vor ihm [36] auf. – In allem, was seine ruhige Einbildungskraft ihm spiegelt, sondert sich das Grosse und Edle vom Gemeinen, nach einem dunkelempfundnen Maaßstabe in ihm selber ab, und strebt aus ihm heraus. –

So geht die um sich greifende, zerstörende Thatkraft, sich auf sich selber stützend, in die sanfte schaffende Bildungskraft, durch ruhiges Selbstgefühl, hinüber, und ergreift den leblosen Stoff, und haucht ihm Leben ein.

Auf die Weise bildete unter jedem Himmelsstrich die Natur das Schöne, sich in den reinsten Seelen in ihren ruhigsten Momenten spiegelnd. –

Sie allein führt an ihrer Hand den bildenden Künstler, den Dichter, in ihr innerstes Heiligthum, wo sie dem sich neu entwickelnden Bildungstriebe, schon seit Jahrhunderten vorgearbeitet, und seine Bahn ihm vorgezeichnet hat.

Denn alles, was die Vorwelt erfunden, ist ja in den Umfang der Natur zurücktretend, mit ihr *eins* geworden, und soll mit ihr vereint, harmonisch auf uns wirken. – – Das Schöne der bildenden Künste steht, sobald es einmal da ist, mit auf ihrer grossen Stufenleiter, und will nicht mit ihr in ihren einzelnen Theilen verglichen, sondern in ihrem ganzen Umfange, als *zu ihr gehörend*, mitgedacht und empfunden seyn.

Unser Naturgenuß soll durch die Betrachtung des Schönen in der Kunst, verfeinert; und unser Gefühl für das Schöne in der Kunst soll wechselseitig durch [37] den Genuß der schönen Natur *gestärkt*, und zugleich seine Grenzen ihm vorgezeichnet werden.

Strömt dann das Maaß der Empfindung über, und wird zur Bildungskraft, so ahmt es in jedem Einzelnen der Natur nicht mehr das Einzelne, und in dem höchsten Kunstwerke, nicht das Kunstwerk, sondern die grosse Harmonie des mitempfundnen Ganzen nach, das sich in beiden abdrückt.

Der einmal aufgeweckte, ächte Bildungstrieb findet nichts Einzelnes in der Natur, das ganz ihm gnügte; auch selber das höchste Kunstwerk nicht, das, als der erste Abdruck des höchsten Schönen, doch immer nur Abdruck bleibt.

Das bildende Genie will, wo möglich, alle die in ihm schlummernden Verhältnisse jener grossen Harmonie, deren Umfang grösser, als seine eigne Individualität ist, *selbst umfassen*: das kann es nun nicht anders, als in *verschiednen Momenten*, schaffend, bildend, aus seiner eignen eingeschränkten Individualität gleichsam heraus, in ein Werk, das ausser ihm sich darstellt, hinüberschreitend, und *mit* diesem Werke nun das *umfassend*, was seine Ichheit selber vorher nicht fassen konnte.

Allein der Anblick von dem reinsten Abdruck des höchsten Schönen in dem vollkommensten Kunstwerke, mußte dem Bildungstriebe den ersten Anstoß geben, bloß durch Gefühl der *Möglichkeit*, sich in einem Kunstwerke ausser sich selbst zu stellen, und das in einer *Folge von Momenten* bildend und schaffend zu [38] umfassen, was keine Empfindung auffaßt, wofür das Selbstgefühl zu beschränkt ist, und die Ichheit keinen Raum hat.

Und jeder Stoff, den dann die Bildungskraft ergreift, wird jeden nachfolgenden Versuch vereiteln, denselben Stoff zu einem neuen Werke noch einmal eben so schön zu bilden.

Je mehrere Reize der Stoff an sich hat, um destomehr wird es den nachfolgenden Bildungstrieb in Verzweiflung setzen. Der falsche Bildungstrieb wird am ersten darnach haschen; Anfang, Mittel, und Ende tauschen; und dieß verzerrte, entstellte Ganze, das unverzerrt und unentstellt vor ihm schon da war, als sein eignes Werk betrachten, das ihm sein Daseyn dankt.

Dergleichen Nachäffungen des ächten Schönen könnten nie Beifall finden, wenn Empfindungsfähigkeit und Bildungskraft bei ihrer Entwicklung immer gleichen Schritt hielten, und nicht eins der andern ängstlich nach oder vorzukommen strebte: denn da das Empfindungsvermögen, seiner Natur nach, so nah an die Bildungskraft grenzt, daß diese nur gleichsam die letzte Lücke ausfüllt, deren Ausfüllung dem Geschmack zur eignen Hervorbringung des Schönen aus sich selber fehlt; so muß auch die Empfindungsfähigkeit selbst schon den Sinn für das Schöne haben, das die Bildungskraft hervorbringen soll; sie muß sich mit dieser zugleich, in ihrem Maasse, auf gleiche Art entwickeln.

[39] Das Schöne will eben sowohl bloß um sein selbst willen betrachtet und empfunden, als hervorgebracht seyn. – Wir betrachten es, weil es da ist, und mit in der Reihe der Dinge steht; und weil wir einmal betrachtende Wesen sind, bei denen die unruhige Wirksamkeit auf Momente der stillen Beschauung Platz macht.

Betrachten wir das Schöne nicht um sein selbst willen, sondern um erst unsern Geschmack dafür zu bilden, so bekömmt ja eben dadurch unsre Betrachtung schon eine eigennützige Richtung. Unser Urtheil ist uns alsdann mehr werth, als die Sache, worüber wir urtheilen: und statt daß also unsre Beurtheilungskraft, durch ruhige Betrachtung, sich erweitern sollte, wird vielmehr der Gesichtspunkt für das Schöne nach den zu engen Grenzen unsrer Fassungskraft sich verschieben müssen.

Der Geschmack, oder die Beurtheilung des Schönen, gehört ja eben so, wie das Schöne selbst, zu den Sachen, die wir nicht brauchen, sobald wir sie nicht kennen, und nicht entbehren, sobald wir sie nicht haben; deren Bedürfniß erst durch den Besitz entsteht, wo es sich durch sich selbst befriedigt: geht also das Bedürfniß vor dem Besitz vorher, so kann es nicht anders als eingebildet und erkünstelt seyn.

Was uns daher allein zum wahren Genuß des Schönen bilden kann, ist das, wodurch das Schöne selbst entstand; vorhergegangne ruhige Betrachtung der Natur und Kunst, als eines einzigen [40] grossen Ganzen, das in allen seinen Theilen sich in sich selber spiegelnd, da den reinsten Abdruck läßt, wo alle Beziehung aufhört, in dem ächten Kunstwerke, das, so wie sie, in sich selbst vollendet, den Endzweck und die Absicht seines Daseyns in sich selber hat. –

Auf die Weise entstand, ohne alle Rücksicht auf Nutzen oder Schaden, den es stiften könnte, das Schöne der bildenden Künste in jeder Art, bloß um sein selbst und seiner Schönheit willen; und konnte auf keine andere Weise entstehen, weil der Begriff der Schönheit selbst schon jede Rücksicht auf Nutzen oder Schaden, seiner Natur nach, ausschließt; und der Begriff des Schädlichen auch bei der wirklichen Hervorbringung des Schönen sich von selbst aufhebt.

Denn suchen wir uns nun noch zuletzt den Begriff des

Schädlichen näher zu entwickeln, so ist nur jede unvollkommnere Sache in sofern schädlich, als eine vollkommnere darunter leidet. – Das wirklich Vollkommnere kann daher nie dem Unvollkommnern; dem weniger Organisirten nie das höher Organisirte schaden.

Wir sagen: es ist schade um den Theil der Pflanzenwelt, den die hereinbrechende Fluth verschlingt; aber nicht um den, der, von der lebenden Welt zerstöhrt, in eine höhere Organisation hinüber geht: denn weit mehr Schade, als um die Pflanzenwelt, wäre es um die lebende Welt, wenn sie deswegen aufhören sollte, damit die ganze Pflanzenwelt unbeschädigt bliebe. –

[41] Und weit mehr Schade, als um die unterjochte Thierwelt, wäre es wieder um die Menschenwelt, wenn diese deßwegen nicht statt finden sollte, damit alles übrige in dem Zustande seiner natürlichen Freiheit bliebe. –

So liesse sich nun weiter schliessen, daß es in der Menschenwelt auch mehr Schade um die überwiegende Stärke wäre, wenn diese deswegen nicht statt finden sollte, damit die Schwäche ihre Schwachheit nicht gewahr werde; als es um den schwächern Theil der Menschen schade ist, daß sie der Obermacht des Stärkern weichen, und ihre Schwäche empfinden müssen. –

Und daß es folglich auch wieder um das Schöne, welches am meisten um sein selbst willen da ist, weit mehr Schade wäre, wenn es deswegen vertilgt seyn sollte, damit keine unbefriedigte Sehnsucht dadurch entstehn, und keine thätige Kraft darunter erliegen könne; als es um die thätige Kraft schade ist, die unter der unbefriedigten Sehnsucht endlich erliegen muß; –

Da überdem das Schöne mit dem Leiden, das sein versagter Genuß erweckt, zusammengenommen, in unsrer Vorstellung erst seinen höchsten Reiz erhält, dem durch kein schöneres Opfer, als dieses, kann gehuldigt werden. –

[42] Denn so wie die Liebe die höchste Vollendung unsres empfindenden Wesens ist, so ist die Hervorbringung des Schönen die höchste Vollendung unsrer thätigen Kraft – und die höchste Liebe muß wieder in Hervorbringung, in Zeugung, wo nicht in die süsseste Auflösung des liebenden Wesens hinüber gehn. –

Nun sind freilich die Begriffe von Aufopferung, Liebe und Sehnsucht selber viel zu süß, als daß wir sie wieder entbehren könnten, sobald wir sie einmal haben, oder ihr Daseyn nicht wünschen sollten, sobald wir sie einmal kennen. –

Es scheint nichts Höheres zu geben, dem die Aufopferung selbst wieder müßte aufgeopfert werden. – Und das Schöne hinwegwünschen, weil unter ihm die Stärke erliegt, hiesse auch, die Stärke hinweg wünschen, weil unter ihm die Schwäche erliegt; den Menschen, weil er mit zerstöhrender Hand die freie Thierwelt sich unterjocht; die ganze lebende Welt, weil sie unaufhörlich die unschuldige Pflanzenwelt zerstöhrt; und zuletzt auch die leblose Pflanzenwelt, weil sie die unzerstöhrbaren Theile des organisirten Stoffs, aus ihrer natürlichen Gleichheit reißt, und sie, durch die trügerische Bildung und Form zum erstenmale der Zerstöhrung unterwirft.

Das einfachste Pflanzengewebe muß für seinen Raub an den noch einfachern Elementen, schon durch [43] Auflösung und Verwelkung; das geringste Lebende für seinen Raub an dem Organisirten, mit körperlichen Schmerzen und dem Tode; und die Menschheit für den Raub ihres höhern Daseyns, an der ganzen umgebenden Natur, mit den Leiden der Seele büssen. – Und das Individuum muß dulden, wenn die Gattung sich erheben soll.

Die Menschengattung aber muß sich heben, weil sie den Endzweck ihres Daseyns nicht mehr ausser sich, sondern in sich hat; und also auch durch die Entwicklung aller in ihr schlummernden Kräfte, bis zur Empfindung und Hervorbringung des Schönen, sich in sich selber vollenden muß. – Zu dieser Vollendung aber gehört das duldende Individuum selber mit; dessen Duldung eben, wenn sie vorüber ist, durch die Darstellung zugleich in den höchsten Vollendungspunkt des Schönen mit hinüber geht. –

So lößt sich die Duldung in die Erscheinung auf, indem sie da, wo sie wirklich geduldet ward, nicht mehr empfunden, nicht mehr geduldet wird. –

Das individuelle Leiden in der Darstellung, geht in das erhabnere Mitleiden über, wodurch eben das Individuum aus sich selbst gezogen, und die Gattung wieder in sich selber vollendet wird.

Höher aber kann die Menschheit sich nicht heben, als bis auf den Punkt hin, wo sie durch das Edle in [44] der Handlung, und das Schöne in der Betrachtung, das Individuum selbst aus seiner Individualität herausziehend, in den schönen Seelen sich vollendet, die fähig sind, aus ihrer eingeschränkten Ichheit, in das Interesse der Menschheit hinüber schreitend, sich in die Gattung zu verlieren.

Ehe sie aber bis dahin sich erhebt, muß die Duldung des Einzelnen vorhergehn. – Die Gattung ist mit dem Individuum, die Erscheinung mit der Wirklichkeit im ewigen Kampfe. –

Sobald die Erscheinung in der Gattung, über die Wirklichkeit in dem Individuum gesiegt hat, geht das bitterste Leiden, durch das über die Individualität erhabne Mitleid, in die süsseste Wehmuth über; und der Begriff des höchsten *Schädlichen* in der Wirklichkeit, lößt sich in den Begriff des höchsten Schönen in der Erscheinung, auf.

Und so wie jedes Schöne in der Erscheinung nur in dem Maasse schön ist, als es nicht nützlich zu seyn braucht, so ist es auch nur in dem Maasse schön, als es, wenn es wirklich wäre, schädlich seyn würde; und doch auch wieder nicht schädlich seyn würde – in sofern das Wort *schädlich* von untergeordneten, selbst der Schönheit huldigenden Wesen ausgesprochen wird, die nicht wünschen können, daß das Schöne vertilgt seyn mögte, damit es keine Zerstöhrung an-[45]richte; sondern die Schuld der Zerstöhrung von der Schönheit ab, auf die Nothwendigkeit der Dinge, oder höhere Mächte wälzen: wie der Greis Priamus beim Homer, der die erhabne, selbst über den durch sie gestifteten Jammer weinende Schönheit, mit sanften Worten tröstet:

> Tochter, du bist nicht, die unsterblichen Götter sind schuldig,
> Welche den traurigen Krieg mir mit Achaja erregten.

Und die zürnenden Trojaner, welche die verderbliche Ursach des Krieges laut verwünschen, können sich nicht enthalten, bei der Ankunft des göttlichen Weibes, sich ins Ohr zu flüstern:

Wahrlich, sie sind nicht zu schelten, die schön gestiefelten Griechen,
Und die Trojaner, um solch ein Weib so vieles zu dulden:
Denn den Unsterblichen gleicht sie an Wuchs und schöner Gebehrde.

Der Kampf muß also durchgekämpft, das grosse Opfer muß dargebracht werden. – Das Geklirr der Waffen, und das Geschrei der Sterbenden muß gen Himmel tönen – Hektor muß fallen, und Hekuba ihr Haar zerraufen. –

Hat dann die Zeit über die Zerstöhrung ihre Furche hingezogen; so nimmt die Nachwelt den Jammer der Vorwelt in ihren Busen auf, und macht ihn, wie ein köstliches Kleinod, sich zu eigen, durch welches der Menschheit ihr dauernder Werth gesichert, und ihre edelste und zarteste Bildung vollendet wird.

[46] Denn in der Duldung liegt der Kern zu jeder höhern Entwicklung; und die Freude selbst nimmt, wo sie am höchsten steigt, von der jungfräulichen Hoffnung und dem geliebten Kummer, mit süssen Thränen, Abschied. – Der freudige Stoff der Dichtkunst lößt sich in sich selber, der tragische in der Veredlung unsres Wesens durch das Mitleid, auf.

Je weniger wir nämlich das schadende und vernichtende ⟨Vollkommnere⟩ selbst vertilgt wünschen, und uns dennoch nicht enthalten können, vor der nahen, unvermeidlichen Vernichtung eines Wesens unsrer Art, zu zittern, um desto edler und reiner muß unser Mitleid werden, weil es mit keiner Bitterkeit und keinem Haß gegen die zerstöhrende Obermacht mehr vermischt ist, sondern ganz in sich selbst versunken, sich zu der unaufhaltbaren Thräne ründet, worinn unser ganzes mitleidendes Wesen, aus seinem zartesten Vollendungspunkte, sich aufzulösen und zu zerfliessen strebt.

Wir können aber das vernichtende Vollkommnere in sofern nicht vertilgt wünschen, als wir uns zugleich selbst in ihm doppelt vernichtet fühlen würden.

Denn in sofern das Schöne alles Mangelhafte von sich ausschließt, begreift es auch alles Wirkliche in sich, das bloß durch sein Mangelhaftes sich von dem Schönen unterscheidet, und eben deswegen sich unwiderstehlich von ihm angezogen fühlt, und mit ihm [47] eins zu seyn strebt, weil es in dem Schönen das G a n z e erkennt, von dem es selber nur ein Theil ist.

Indem nun aber das Schöne alles Mangelhafte von sich ausschließt, und alles Wirkliche in sich begreift, ohne doch alles Wirkliche selbst zu seyn, findet es, selbst da, wo es wirklich ist, für jedes Individuum, das mit ihm nicht eins werden kann, immer nur in der Erscheinung statt.

Wenn nun bei diesem Individuum die Empfindung die Thatkraft überwiegt, und also die Thatkraft durch Zerstöhrung sich nicht rächen kann; so muß das Individuum für den Raub, den es durch die Erkenntniß des ihm unerreichbaren Schönen, an seiner Individualität begangen hat, mit Höllenquaalen büssen.

Sysiphus wälzt den Stein – Tantalus lechzt nach der von seinen Lippen ewig weichenden Fluth. –

Allein die Qualen sind nur dem Individuum schrecklich, und werden in der Gattung schön – sobald daher die Gattung in dem Individuum sich vollendet, lößt sein Leiden sich von ihm ab, und geht in die Erscheinung, die Empfindung geht in die *Bildung* über – was von dem bildenden Wesen sich zerstöhrt, ist sein Phantom – das veredelte Daseyn bleibt zurück.

[48] Eben diese Erscheinung aber faßt das alles in sich, was die Wirklichkeit hätte zerstöhren müssen, wenn sie nicht die Macht gehabt hätte, es von sich abzulösen, und bildend ausser sich darzustellen. – So wie jedes vollkommne Kunstwerk seinen Urheber, oder was ihn umgiebt, würde zernichtet haben, wenn es sich aus seiner Kraft nicht hätte entwickeln können.

In diesem Punkte treffen also Zerstöhrung und Bildung in eins zusammen – Denn das höchste Schöne der bildenden Künste, faßt dieselbe Summe der Zerstöhrung, *in einander gehüllt*, auf einmal in sich, welche die erhabenste Dichtkunst, nach dem Maaß des Schönen, *auseinander gehüllt*, in furchtbarer Folge uns vor Augen legt.

Ist es nicht die immerwährende Zerstöhrung des Einzelnen, wodurch die Gattung in ewiger Jugend und Schönheit sich erhält?

Und ist es nicht die durch die reinste Imagination zum Gott verkörperte Jugend und Schönheit selbst, welche mit sanftem Geschoß die Menschen tödtet; oder mit Köcher und Bogen zürnend einher tritt, düster und furchtbar, wie Schrecken der Nächte – den silbernen Bogen spannt – und die verderbenden Pfeile in das Lager der Griechen sendet? –

Sobald nämlich in der vollendeten Schönheit die Gattung sich selbst erblickt, kann sie das, worinn sie [49] eigentlich erst sich selbst *besitzt*, nicht anders, als für das größte Kleinod halten, welches in sofern es nicht als Erscheinung, sondern als wirklich betrachtet wird, alles Einzelne aufwiegt.

Weil es nun von jedem als wirklich betrachtet werden kann, so wird das Einzelne dadurch gezwungen, sich wieder unter einander aufzuwiegen, damit sein verhältnißmässiger Werth gegen das Schöne *sichtbar* werde, der sich nicht anders, als durch die Zerstöhrung des Schwächern durch das Stärkre, und des Unvollkommnern, durch das Vollkommnere, zeigen kann.

Auf die Weise schreibt die Schönheit der Zerstöhrung selbst ihr edles Maaß vor – wo nicht, so regen die Zähne des Drachen sich in der lockern Erde – die Saat des Kadmus keimt in geharnischten Männern auf, die ihre Schwerdter gegen einander kehren, und ehe vom Streit nicht ruhn, bis ihre Leiber wieder den Boden küssen. –

Weil nun durch die Erscheinung der individuellen Schönheit dieselbe Summe der Zerstöhrung des Einzelnen, in einem kürzern Zeitraume, sichtbar wird, welche zur Erhaltung der immerwährenden Jugend und Schönheit, in der Gattung überhaupt, durch Alter und Krankheit, fast unmerklich ihren Fortschritt hält:

[50] Und weil wir diese Zerstöhrung mit der individuellen Schönheit, durch welche sie unmittelbar bewirkt wird, uns zusammen denken:

So giebt das Schöne, in welches die Zerstöhrung selbst sich wieder auflößt, uns gleichsam ein Vorgefühl von jener grossen Harmonie, in welche Bildung und Zerstöhrung einst Hand in Hand, hinüber gehn.

Und die immerwährende Zerstöhrung des Schwächern durch das Stärkre, und des Unvollkommnern durch das Vollkommnere, scheint uns in eben dem Maasse, wie die unaufhörliche Bildung des Unvollkommnern zum Vollkommnern, dem ewigen Schönen *nachzuahmen*, das, über Zerstöhrung und Bildung selbst erhaben, in der Himmelswölbung und auf der stillen Meeresfläche ruhend, sich uns am reinsten darstellt. –

Allein unser Begriff des Schönen verliert sich zuletzt doch immer wieder in den Begriff der Nachahmung von etwas, worinn das Vollendete sich wieder zu vollenden, und unser eignes Wesen, in jeder Äußrung seines Daseyns, uns unbewußt, sich aufzulösen strebt.

Wo nun die Auflösung eines Wesens unsrer Art, am unmittelbarsten durch die schönen Verhältnisse des Ganzen selbst bewirkt wird, und in der edelsten Bil-[51]dung dieses Wesens selbst sich gründet, da scheinet in der Darstellung seiner Leiden, die immerwährende Auflösung unsres eignen Wesens, auf einige Augenblicke, uns bewußt zu werden, indem uns dünkt, als ob, im schönen Wiederschein herbeigezaubert, ein Stück aus jenem grossen Zirkel vor uns schwebte, in welchen unsre kleinere Laufbahn sich einst verlieren wird. –

So vollendet die Liebe unser Wesen – das erhabnere Mitleid aber blickt thränend auf die Vollendung selbst herab – Weil es Aufhören und Werden, Zerstöhrung und Bildung in eins zusammenfaßt.

Und wenn jemals ein schwacher Schimmer des über Zerstöhrung und Bildung erhabnen Schönen sich uns zeigen kann, so muß es auf dem Punkte seyn, wo es aus der über unserm Haupte schwebenden Zerstöhrung selbst uns wieder entgegen lächelt. –

Das Auge blickt dann, sich selber spiegelnd, aus der Fülle des Daseyns auf. –

Die Erscheinung ist mit der Wirklichkeit, die Gattung mit dem Individuum eins geworden. –

Tod und Zerstöhrung selbst verlieren sich in den Begriff der ewig bildenden Nachahmung des über [52] die Bildung selbst erhabnen Schönen, dem nicht anders als, durch immerwährend sich verjüngendes Daseyn, nachgeahmt werden kann.

Durch dieß sich stets verjüngende Daseyn, sind wir selber.

Daß wir selber sind, ist unser höchster und edelster Gedanke. –

Und von sterblichen Lippen, läßt sich kein erhabneres Wort vom Schönen sagen, als: es ist!

In wie fern Kunstwerke beschrieben werden können?

[159] Als Philomele ihrer Zunge beraubt war, webte sie die Geschichte ihrer Leiden in ein Gewand, und schickte es ihrer Schwester, welche es aus einander hüllend, mit furchtbarem Stillschweigen, die gräßliche Erzählung* las.

Die stummen Charaktere sprachen lauter als Töne, die das Ohr erschüttern, weil schon ihr bloßes Daseyn von dem schändlichen Frevel zeugte, der sie veranlaßt hatte.

Die Beschreibung war hier mit dem Beschriebenen eins geworden – die abgelößte Zunge sprach durch das redende Gewebe.

Jeder mühsam eingewürkte Zug schrie laut um Rache, und machte bey der mitbeleidigten Schwester das mütterliche Herz zum Stein.

[160] Keine rührende Schilderung aus dem Munde irgend eines Lebendigen, konnte so, wie dieser stumme Zeuge, wirken. –

Denn nichts lag ja dem Unglück der weinenden Unschuld näher, und war so innig damit verwandt, als eben dieß mühsame Werk ihrer Hände, wodurch sie allein ihr Daseyn kund thun, und ihre Leiden offenbaren konnte.

Eben darum konnte es seiner schrecklichen Wirkung nicht verfehlen.

So war dem unglücklichen Weibe des Kollatinus nichts näher, als ihr Gatte, und ihr Vater selbst, welche durch die bloße Erzählung ihres beweinenswerthen Schicksals, ein

* Ovids Verwandlungen, im sechsten Buche.

ganzes unterdrücktes Volk gegen die Macht der Tyranney empörten, und die erloschne Freyheitsliebe in aller Busen wieder weckten.

Mit seiner eignen, unschuldigen Tochter Blut bespritzt, durfte Virginius nur den Mund eröfnen, um alles zur lebhaftesten Theilnehmung an seiner Erzählung hinzureißen, und durch die einfachste Beschreibung der jammervollen Scene, konnte er dasselbe Volk noch einmal bewegen, das Joch der Knechtschaft von sich abzuschütteln.

Eben das nahe Band, welches den überlebenden Gatten und Vater an jene Schlachtopfer der willkührlichen Herrschaft knüpfte, machte, daß die Erzählung, *zugleich mit der erzählten Sache*, auf die Gemüther wirkte, und bis ins Innerste sie erschütterte.

[161] Denn aus den theuren Überlebenden flehte der Mund der Todten die menschliche Natur um Mitleid an.

Aber wer kann dem Vater, wer dem Gatten nacherzählen? – wer so rührend Philomelens Unglück schildern, als das Tuch, worin sie selbst es würkte?

Daß sie es in dies Tuch würkte, macht ja selbst den rührendsten Zug in der Schilderung ihrer Leiden aus.

Und die Beschreibung durch Worte muß sich hier begnügen, das bloß *anzudeuten*, was durch sein Daseyn selber mehr als Worte sagt.

Wer den Schmerz des Virginius würdig beschreiben wollte, müßte entweder, wie der Schauspieler, streben, auf eine Zeitlang, durch ein künstliches Vergessen seiner selbst, und durch das darstellende Mitgefühl fremder Leiden, so viel möglich, selbst wieder dieser Virginius zu seyn.

Oder er müßte, wie der bildende Künstler, einem der

fliehenden Momente Dauer geben, welcher deswegen am stärksten die Seel' erschütterte, weil in allem, was in ihm auf einmal sich dem Auge darstellt, immer eines durch das andre, so wie das Ganze durch sich selber, *redend* und *bedeutend* wird. Der Geschichtschreiber hebt, durch die einfache Erzählung des Vorhergehenden und Nachfolgenden, einen solchen Moment heraus; durch die simple Erwäh-[162]nung der Umstände, welche die Begebenheit *veranlaßten*; durch die Beschreibung des *Eindrucks*, welchen der Anblick dieser Scene auf die Gemüther machte, und der *wichtigen* Folgen, welche dieser Eindruck nach sich zog.

Durch die Hand des bildenden Künstlers dargestellt, kann Progne, von dem aufgerollten Gewebe ihrer Schwester, auf den neben ihr stehenden schmeichelnden Knaben, einen Blick werfen, der den gräßlichen Vorsatz ihrer Seele schon in dem ersten Augenblick seiner Geburt enthüllt.

Das Vorhergehende und Nachfolgende dieses Moments, in so fern es noch durch Worte bezeichnet werden kann, bestimmt für die Imagination des bildenden Künstlers, in jedem Zuge den Ausdruck, der nun über allen fernern Ausdruck durch Worte erhaben ist, welche eben da aufhören müssen, wo das ächte Kunstwerk anfängt.

Denn darinn besteht ja eben das Wesen des Schönen, daß ein Theil immer durch den andern und das Ganze durch sich selber, redend und bedeutend wird – daß es sich selbst erklärt – sich durch sich selbst beschreibt – und also außer dem bloß andeutenden Fingerzeige auf den Inhalt, keiner weitern Erklärung und Beschreibung mehr bedarf.

So bald ein schönes Kunstwerk, außer diesem Fingerzeige, noch einer besondern Erklärung bedürfte, wäre es ja eben deswegen schon [163] unvollkommen: denn das erste Erforderniß des Schönen ist ja eben seine *Klarheit*, wodurch es sich dem Aug entfaltet.

Das in die Hülle der Existenz, gleich dem elektrischen Funken, verborgne Schöne findet allenthalben statt, und dient der häßlichsten Oberfläche sehr oft zur Unterlage – wo also die Kunst es auf der Oberfläche darstellen will, muß sie es auch nothwendig *ganz* entwickeln, und es gleichsam aus sich selbst enthüllen.

Wo dann das ächte Schöne sich uns entfaltet, da ist es durch sich selbst die vollkommenste Erklärung der Vollkommenheit, die im Innern der Natur verborgen, unter tausend Gestalten lauscht, und mehr oder weniger sich unserm Blick entzieht.

Es ist eine deutliche Beschreibung dessen, was unsrer Sterblichkeit nur dunkel ahndet.

Das Licht, worinn sich uns das Schöne zeigt, kommt nicht von uns, sondern fließt von dem Schönen selber aus, und verscheucht auf eine Weile die Dämmrung um uns her. –

Darum fühlen wir beym Anblick des Schönen unser Herz und unsern Verstand erweitert, weil uns etwas von demjenigen sichtbar, und fühlbar zu werden scheint, was immer unsern forschenden Gedanken sich entzieht, welche durch die schwachen Laute der Sprache nur mühsam ihren Kreislauf beschreiben, und immer da in sich selbst wieder zurückfallen, wo sie ihren höchsten Gegenstand zu erreichen hofften.

[164] Jemehr wir nehmlich, überhaupt beym Anblick der Natur, die Ursach in ihrer Wirkung, das innere Wesen der Dinge in ihren äußren Formen und Gestalten lesen, um

desto befriedigter fühlen wir uns, und um desto vollkommner scheint uns das zu seyn, was durch seine äußere Form zugleich sein innres Wesen uns enthüllt.

Eben darum rührt uns die Schönheit der menschlichen Gestalt am meisten, weil sie die inwohnende Vollkommenheit der Natur am deutlichsten durch ihre zarte Oberfläche schimmern, und uns, wie in einem hellen Spiegel, auf den Grund unsres eignen Wesens, durch sich schauen läßt.

Die Nacktheit selber, welche jeden Mangel aufdeckt, und jedes andre Thier entstellt, ist bey dem Menschen das höchste Siegel der Vollendung seiner Schönheit, die allein ihrer Blöße sich nicht schämen darf, sondern, wie die Wahrheit, keinen edlern Schmuck, als sich selber kennt.

Denn die Nacktheit selbst entsteht ja aus der vollkommensten Bestimmtheit aller Theile, wodurch alles Zufällige von der vollendeten Bildung ausgeschlossen wird, und nur das Wesentliche auf der Oberfläche erscheint.

Sobald die Bildung nicht in allen Theilen so vollkommen bestimmt, und vollendet ist, daß sie das innre Wesen des Gebildeten allenthalben auf seiner Oberfläche durchschimmern läßt, findet auch bey der Entblößung, keine eigentliche Nacktheit statt.

[165] Denn die letzte ins Auge fallende Oberfläche ist alsdann immer selbst schon wieder eine Art von Bekleidung, die das innre Wesen uns verdeckt. – Eben weil alsdann die Bildung nicht vollkommen bestimmt, und in sich selbst vollendet ist, sondern durch den Auswuchs von Schuppen, Haar, und Federn, gleichsam über sich hinausgeht – und eben dadurch immer mehr an Schönheit, und Bedeutsamkeit verliert, bis sie zuletzt in dem unbestimmtesten

Wachsthum der Pflanze die harte Rinde um sich herzieht, die den Schatz von Vollkommenheit, den sie umschließt, am neidischsten unserm Blick entzieht.

So wie sich nehmlich mit der zunehmenden Bestimmtheit alles Ungebildete dem Gebildeten nähert; so nähert sich auch, mit der zunehmenden Zufälligkeit, das Gebildete immer mehr dem Ungebildeten.

Denn der Begriff des Unorganisirten ist mit dem Begriff des Zufälligen unzertrennlich verknüpft. –

Der Tropfen *fällt* dem Tropfen, der Staub dem Staube, *zu* – aber das Gebildete fällt nicht zu sich selber, sondern ist nur in so fern gebildet, als es durch die Bestimmtheit seiner Form, sich aus seiner nächsten Umgebung *sondert*, und das Zufällige von sich ausschließt.

Das Unorganisierte hingegen, welches dem Unorganisierten *zu-*[166]*fällt*, wird ungehindert mit ihm eins, und zieht es mit sich zu Boden.

Der Regen strömt in Tropfen, in Flocken fällt der Schnee herab, die zueinanderfallend in eine Masse sich verlieren.

Die Zufälligkeit seiner Bildung drückt den harten Stein zur Erde nieder, und die Bestimmtheit ihrer Form treibt die Pflanze aus dem Schooß der Erd' empor.

Mit dem ersten Anfange der Bestimmtheit, und mit der schwächsten Ausschließung des Zufälligen, tritt der *Wachsthum* in die zarte Pflanze, wodurch sie in Blättern und Zweigen sich selbst verjüngt, und ihre erste einfachste Organisation so oft wiederholt, als ihr Wachsthum dauert.

Mit der völligen Bestimmtheit der Bildung, und Ausschließung alles Zufälligen, durch das nothwendige Beisammenseyn zweier symmetrischen Hälften, tritt die *Be-*

wegung in den Embrio, der sich den Fesseln seiner nächsten Umgebung entwindet, eben weil er, durch die Ausschließung alles *zur Erde drückenden Zufälligen*, nun seinen eignen Schwerpunkt, und die Achse seines Umdrehens in sich selber hat.

Und mit der allervollkommensten *Bestimmtheit* in der Gestalt des Menschen, die bis auf die feinsten Züge sich erstreckt, tritt endlich, in dem beweglichsten Theile des Organs, die *redende Stimme* [167] selbst ein, welche als das Resultat der vollkommensten Bestimmtheit, nun auch alles übrige in der Natur *bestimmt*, und durch das Wort ihm seine Grenzen vorschreibt. –

Jemehr auf die Weise aus der harten, umgebenden Hülle das Zarte, Bewegliche sich entwickelt, um desto redender und bedeutender wird es durch sich selber – bis dahin, wo die allerzarteste Beweglichkeit, in dem eigentlichen Werkzeuge der Sprache, selbst zur Sprache wird. Denn da wo Mund und Wange lächeln, muß auch die Zunge verständlich werden. –

Eintönig rauschen die Blätter des Baumes vom Winde hin und her bewegt. –

Die Nachtigall singt auf seinen Zweigen ihr mannichfaltiges Lied. –

Indeß der junge Schäfer an seinen Stamm gelehnt, den Nahmen der Geliebten mit Entzückung ausspricht, oder mit scharfer Spitze der wachsenden Rind' ihn einverleibt. –

Dieser unabänderliche *Nahme* belebt alle übrigen Laute seines Mundes, welche mit den abwechselnden Bewegungen seiner Seele gleichen Schritt halten, und mit der schwellenden Empfindung seines Busens steigen und fallen. –

Und ist es nicht derselbe Hauch der Luft, welcher in den Blättern des Baumes rauscht, in der Kehle der Nachtigall zu schmelzen-[168]den Tönen, und auf der redenden Lippe des Menschen zum verständlichen Laut sich bildet?

So ist nun bey dem bloß Wachsenden nichts als seine Bildung, bey dem Lebenden und Athmenden Bildung und Bewegung, bey dem Lebenden und Denkenden aber Bildung, Bewegung, und Laut bestimmt – wodurch das Ganze in Harmonie sich auflöset – das Umfassende sich wieder selbst umfassend, mit leisem Tritt auf seiner Umgrenzung wandelt – und mit dem aufmerksamen Ohre, von der äußersten Zungenspitze, seines Wesens Wiederhall vernimmt. –

[204] Hier ist es also, wo Bildung und Laut sich scheiden. – Durch das redende Organ beschreibt die menschliche Gestalt sich selber in allen Äußrungen ihres Wesens – da aber, wo das wesentliche Schöne selbst auf ihrer Oberfläche sich entfaltet, verstummt die Zunge, und macht der weisern Hand des bildenden Künstlers Platz.

Denn da, wo das denkende Gebildete in den äußersten Fingerspitzen sich in sich selbst vollendet, vermag es erst, das Schöne unmittelbar wieder außer sich darzustellen. – Indes die Zunge durch eine bestimmte Folge von Lauten jedesmal harmonisch sich hindurch bewegend nur mittelbar das Schöne umfassen kann; in so fern nehm-[205]lich die mit jedem Worte erweckten und nie ganz wieder verlöschenden Bilder, zuletzt eine Spur auf dem Grunde der Einbildungskraft zurücklassen, die mit ihrem vollendeten Umriß dasselbe Schöne umschreibt, welches von der Hand des bildenden Künstlers dargestellt, auf einmal vors Auge tritt.

Worte können daher das Schöne nicht eher beschreiben, als bis sie in der bleibenden Spur, die ihr vorübergehender Hauch auf dem Grunde der Einbildungskraft zurückläßt, selbst wieder zum Schönen werden. –

Dieß können sie aber nicht eher werden, als auf dem Punkte, wo die Wahrheit der Dichtung Platz macht, und die Beschreibung mit dem Beschriebnen eins wird, weil sie nicht mehr um des Beschriebnen willen da ist, sondern ihren Endzweck in sich selber hat; und also auch nicht ferner dazu dienen kann, uns eine Sache kenntlich zu machen, die wir noch nicht kennen; indem unsre ganze Aufmerksamkeit mehr auf die Beschreibung selbst, als auf die beschriebne Sache gezogen wird, die wir durch die Beschreibung nicht sowohl kennen lernen, als vielmehr sie in ihr wieder erkennen wollen.

Denn es ist offenbar, daß wir uns bei der Dichtung die Sachen um der Beschreibung willen, bei der Geschichte hingegen, die Beschreibung um der Sachen willen denken.

Bei der Beschreibung des Schönen durch Worte, müssen also [206] die Worte, mit der Spur, die sie in der Einbildungskraft zurücklassen, zusammengenommen, selbst das Schöne seyn.

Und so müssen auch bei der Beschreibung des Schönen durch Linien, diese Linien selbst, zusammengenommen, das Schöne seyn, welches nie anders als durch sich selbst bezeichnet werden kann; weil es eben da erst seinen Anfang nimmt, wo die Sache mit ihrer Bezeichnung eins wird.

Die ächten Werke der Dichtkunst sind daher auch die einzige wahre Beschreibung durch Worte von dem Schönen in den Werken der bildenden Kunst, welches immer nur mittelbar durch Worte beschrieben werden kann, die oft erst einen sehr weiten Umweg nehmen, und manchmal eine Welt von Verhältnissen in sich begreifen müssen, ehe sie auf dem Grunde unsers Wesens dasselbe Bild vollenden können, das von außen auf einmal vor unserm Auge steht.

Man könnte in diesem Sinne sagen: das vollkommenste Gedicht sey, seinem Urheber unbewußt, zugleich die vollkommenste Beschreibung des höchsten Meisterstücks der bildenden Kunst, so wie dieß wiederum die Verkörperung oder verwirklichte Darstellung des Meisterwerks der Phantasie; – wenn wir nur einen Augenblick auf den Grund unsers Wesens schauen, und dort die Spur uns erklären könnten, welche nach Lesung des Homer dieselbe Empfindung des Schönen in uns zurückläßt, die der Anblick des höchsten Kunstwerks unmittelbar in uns erweckt.

[207] So viel fällt demungeachtet deutlich in die Augen, daß die zurückgelaßne Spur von irgend einer Sache, von dieser Sache selbst so unendlich verschieden seyn könne, daß es zuletzt fast unmöglich wird, die Verwandtschaft der Spur mit der Gestalt des Dinges, wodurch sie eingedrückt ward, noch ferner zu errathen. – So wie denn jede sich fortbewegende Spitze einerlei Spur zurückläßt, die übrige Gestalt des Dinges, woran sie befindlich ist, mag auch beschaffen seyn, wie sie wolle.

Das Allerverschiedenste kann daher immer in der *letzten* Spur, die es von sich zurückläßt, sich wieder gleich werden; wie denn alles was da ist, sich auf dem Punkte gleich wird, wo seine äußersten Spitzen in unserm Denken zusammentreffen, und dort eine gemeinschaftliche Spur von sich zurücklassen, die mit nichts außer sich mehr Ähnlichkeit hat, und eben daher von allem was da ist, ohne Hinderung sagen kann: es ist.

Auf die Weise kann nun auch auf dem Grunde der Einbildungskraft, da, wo die in ihr erweckten Bilder ihre letzte, leiseste Spur zurücklassen, durch das Zusammentreffen aller dieser Spuren etwas von allen den einzelnen Bildern ganz Verschiednes entstehen, das bloß die reinsten Verhältnisse in sich faßt, nach welchen das ganz von einander Verschiedne sich um und zu einander bewegt.

Nun giebt es aber in der ganzen Natur keine so sanften und reinen Bewegungen von Linien um und zu einander, als in der Bildung [208] des Auges selbst, in dessen umschatteter Wölbung Himmel und Erde ruht, während daß es das Allerverschiedenste in seinen reinsten Verhältnissen in sich faßt. –

Daher kömmt nichts unter allem Sichtbaren dem Sehenden selbst an Schönheit gleich, und die sanfte Spur des Sehenden in seine ganze Umgebung verhältnißmäßig eingedrückt, ist von allem Sichtbaren allein vermögend, uns *unmittelbar* Liebe und Zärtlichkeit einzuflößen.

Nun gründet sich aber der Genuß des Schönen stets auf Liebe und Zärtlichkeit, in so fern es uns jedesmal auf eine Weile aus uns selber zieht, und macht, daß wir über seinem Anschaun uns selbst vergessen. –

Da nun unter allem Sichtbaren nichts fähig ist, uns *unmittelbar* Liebe und Zärtlichkeit einzuflößen, als die reinsten Verhältnisse in der vollendeten Gestalt des Sehenden; so scheinet es, als müßten wir jedesmal diese Verhältnisse auf eine oder die andre Weise, in uns oder außer uns, *wieder erkennen*, so oft wir dem Schönen zu huldigen uns gedrungen fühlen.

Und wo könnten auch wohl die unzähligen Widersprüche, die wir im Kleinen und im Großen wahrnehmen; der Druck der Ungleichheit, die Entzweiung des Gleichen; der Raub des Eingreifenden, der Neid des Ausschließenden; die Verdrängung des Rechten, [209] die Rachsucht des Verdrängten; die Empörung des Niedrigen; der Fall des Erhabnen; und alle die gegen einander streitenden Kräfte sich endlich in eine sanftere Harmonie verlieren, als in den reinsten Verhältnissen der Bildung, welche zuletzt alle diese Widersprüche in sich selber auflößt und vereinigt? –

In welches der Druck des Ungleichen seine Tyrannei; die Entzweiung des Gleichen ihre abneigende Feindschaft; der Raub des Eingreifenden seine zerstörende Gewaltsamkeit; der Neid des Ausschließenden; die Verdrängung des Geraden ihre Ungerechtigkeit; die Rachsucht des Verdrängten ihre Unversöhnlichkeit; die Empörung des Niedrigen ihren Haß, und der Fall des Erhabnen seine Schmach verliert. –

Wo das Auge, durch die höchste und tiefste seiner Spuren, Stirn und Wange scheidend, den denkenden Ernst vom jugendlichen, lächelnden Leichtsinn sondert; indem es in dunkler Umschattung hinter dem Schimmer der Morgenröthe hervortritt, und durch die Wölbung von oben seinen Glanz verdeckt; während daß die Scheidung des Gewölbten über ihm in den einander entgegenkommenden Augenbraunen sich sanft zu einander neigend, die Wiedervermählung des Getrennten in jedem untergeordneten Zuge vorbereitet, und der ganzen sich herabsenkenden Umgebung, bis zu den Spitzen der Zehen, die immerwährende Spur von Scheidung und von Wölbung eindrückt.

[210] So sinkt die erhabne Wölbung der Stirn, gerade da, wo sie durch das Emporragende zwischen Aug' und Wangen sich am merklichsten fortpflanzt, auf einmal, unbeschadet ihrer Hoheit, bis zu dem leisesten, verlohrensten Zuge des Mundes herab, dessen sanftgebogener Rand wiederum auf der stützenden Wölbung des Kinnes ruht, das durch sich selbst emporgetragen, und in sich ruhend, seinen eignen Umriß um sich selber zieht. –

In dieser sanften Hinabsenkung des Gewölbten wird endlich der trennende Zwiespalt selber doppelt und vierfach schön, weil nur durch ihn die völlige Entfaltung des eingewickelten, nach einem bestimmten Maaße, sich vollenden kann. –

Nach welchem Maaße das Auseinandertretende dem sich Entgegenneigenden, das Abspringende dem sich Einfügenden, das sich Entfernende dem sich Annähernden, nichts an Schönheit nachgiebt, aus keinem andern Grunde, als weil das Abweichende mit dem sich Entgegenkommenden, die Entfernung mit der Annäherung einerley nothwendigen Ursprung hat.

Dieser Ursprung ist es, welcher durch keinen bestimmten Laut dem Ohre vernehmbar wird: er bezeichnet sich aber durch die sichtbare Auflösung des Widerspruchs in der sanftesten Trennung des Zusammengefügten, und der innigsten Zusammenfügung des Getrennten.

[3] Wir kommen also wiederum auf den Punkt zurück, daß die Werke der bildenden Künste selbst schon die vollkommenste Beschreibung ihrer selbst sind, welche nicht noch einmal wieder beschrieben werden kann.

Denn die Beschreibung durch Konturen ist ja an sich

selbst schon bedeutender und bestimmter, als jede Beschreibung durch Worte.

Umrisse *vereinigen*, Worte können nur auseinander sondern; sie schneiden in die sanfteren Krümmungen der Konturen viel zu scharf ein, als daß diese nicht darunter leiden sollten.

[4] Winkelmanns Beschreibung vom Apollo im Belvedere zerreißt daher das Ganze dieses Kunstwerks, sobald sie unmittelbar darauf angewandt, und nicht vielmehr als eine bloß poetische Beschreibung des Apollo selbst betrachtet wird, die dem Kunstwerke gar nichts angeht.

Diese Beschreibung hat daher auch der Betrachtung dieses erhabenen Kunstwerks weit mehr geschadet, als genutzt, weil sie den Blick vom Ganzen abgezogen, und auf das Einzelne geheftet hat, welches doch bei der nähern Betrachtung immermehr verschwinden, und in das Ganze sich verlieren soll.

Auch macht die Winkelmannsche Beschreibung aus dem Apollo eine Komposition aus Bruchstücken, indem sie ihm eine Stirn des Jupiters, Augen der Juno, u. s. w. zuschreibt; wodurch die Einheit der erhabnen Bildung entweihet, und ihr wohlthätiger Eindruck zerstört wird.

Eben so unzweckmäßig wie es nun seyn würde, die Schönheiten eines Gedichts nach der Reihe zu beschreiben, statt das Gedicht selbst vorzulesen, oder den Gang einer vortrefflichen Musik die man hören kann, mit Worten schildern zu wollen, eben so vergeblich und zweckwidrig ist es auch, Kunstwerke, die man im Ganzen sehen kann, nach ihren *einzelnen Theilen* im eigentlichen Sinne zu beschreiben.

[5] Wenn über Werke der bildenden Künste, und über-

haupt über Kunstwerke etwas Würdiges gesagt werden soll, so muß es keine bloße Beschreibung derselben nach ihren einzelnen Theilen seyn, sondern es muß uns einen nähern Aufschluß über das Ganze und die Nothwendigkeit seiner Theile geben.

Über die Allegorie.

[49] In so fern eine Figur sprechend ist, in so fern sie bedeutend ist, nur in so fern ist sie schön. –

Dieß Sprechende und Bedeutende muß aber ja in dem rechten Sinne genommen werden: Die Figur, in so fern sie schön ist, soll nichts bedeuten, und von nichts sprechen, was außer ihr ist, sondern sie soll nur von sich selber, von ihrem innern Wesen durch ihre äußere Oberfläche gleichsam sprechen, soll durch sich selbst bedeutend werden.

[50] Daher wird durch bloß allegorische Figuren, die Aufmerksamkeit, in Rücksicht auf die schöne Kunst, zerstreuet, und von der Hauptsache abgezogen.

Sobald eine schöne Figur noch etwas außer sich selbst anzeigen und bedeuten soll, so nähert sie sich dadurch dem bloßen Symbol, bey dem es, so wie bey dem Buchstaben, womit wir schreiben, auf eigentliche Schönheit nicht vorzüglich ankömmt. –

Das Kunstwerk hat alsdann nicht mehr seinen Zweck bloß in sich selbst, sondern schon mehr nach außen zu.

Das wahre Schöne besteht aber darin, daß eine Sache bloß sich selbst bedeute, sich selbst bezeichne, sich selbst umfasse, ein in sich vollendetes Ganze sey.

Ein Obelisk bedeutet – die Hieroglyphen daran bedeuten, etwas nach außen zu, das sie nicht selber sind, und erhalten bloß durch diese Bedeutung ihren Werth – weil sie sonst an sich selber ein müssiges Spielwerk wären. –

Soll nun ein schönes Kunstwerk bloß deswegen da seyn, damit es etwas außer sich andeute, so wird es ja dadurch selbst gleichsam zur Nebensache – und bey dem

Schönen kömmt es doch immer darauf an, daß es selbst die Hauptsache sey. –

Die Allegorie muß also, wenn sie statt findet, immer nur untergeordnet, und mehr zufällig seyn; sie macht niemals das We-[51]sentliche oder den eigentlichen Werth eines schönen Kunstwerks aus. –

Wenn der Borghesische Fechter z. B. auch außer sich selbst noch etwas bedeuten sollte, so würden wir doch bey der Betrachtung seiner innern Schönheiten, auf diese äußere Bedeutung wenig Rücksicht nehmen, weil er gar nichts weiter außer sich selbst zu bedeuten braucht, um unsre ganze Aufmerksamkeit auf sich zu ziehen.

Wo die Allegorie statt findet, muß sie immer untergeordnet, sie muß nie Hauptsache seyn – sie ist nur Zierrath – und bloß allegorische Kunstwerke sollten eigentlich gar nicht statt finden, oder doch nie vorzüglich um der Allegorie willen für wahre Kunstwerke gelten.

Die Allegorie kann bei großen Gemählden als eine Art von erklärender, höherer Sprache angebracht werden, wie bey der Vermählung der Psyche von Raphael; wo unter dem Hauptgemählde rings an den Wänden besondere kleinere Felder angebracht sind, in welchen Amoretten mit den Attributen der höhern Gottheiten spielen, die bey der Hochzeit der Psyche zugegen sind. –

Die allegorischen Vorstellungen sollen das Ganze nur umgaukeln; nur gleichsam an seinem äußersten Rande spielen – nie aber das innere Heiligthum der Kunst einnehmen – sobald sie auf die Weise untergeordnet bleiben, und in ihre bescheidene Grenzen treten, sind sie schön. –

[52] Überschreiten sie aber diese Grenzen, wie z. B. die Figur, welche die Gerechtigkeit mit verbundenen Augen,

dem Schwerdt in der einen, und der Wage in der andern Hand darstellt, so ist nichts dem wahren Begriff des Schönen mehr widersprechend, als dergleichen Allegorien.

In der allegorischen Darstellung der Gerechtigkeit widerspricht ein Symbol dem andern, sobald die Figur an und für sich selbst kunstmäßig betrachtet wird. –

Der Gebrauch des Schwerdts erfodert ja eine ganz andere Stellung als der Gebrauch der Wage, die Wage eine ganz andere Stellung als das Schwerdt, und der Gebrauch von beiden erfordert offne Augen. –

Nichts ist widriger, als diese Figur; bey ihr erscheint nichts in Bewegung, nichts in Thätigkeit; sie hält bloß maschinenmäßig das Schwerdt und die Wage, und die verbundenen Augen machen sie noch unthätiger. – Die ganze Figur ist überladen und steht von sich selbst erdrückt, wie eine todte Masse da.

Die Bachantin schwingt den Thyrsusstab – Herkules lehnt sich auf seine Keule – Diana spannt den Bogen. – Die Gerechtigkeit aber hält Schwerdt und Wage, wie eine todte Masse, mit verbundenen Augen, in den Händen.

[53] Sobald die Allegorie auf die Weise jedem Begriff von Schönheit in den bildenden Künsten widerspricht, verdienet sie gar keinen Platz in der Reihe des Schönen, und hat ohngeachtet alles Aufwandes von Fleiß und Mühe, weiter keinen Werth, als der Buchstabe mit dem ich schreibe.

Die Fortuna von Guido, mit fliegenden Haaren, und den Spitzen der Zehen die rollende Kugel berührend, ist eine schöne Figur, nicht deswegen, weil das Glück dadurch treffend bezeichnet wird, sondern weil das Ganze dieser Figur Übereinstimmung in sich selber hat. –

Die rollende Kugel berühret nur immer in einem Punkte, mit einer Spitze, den Boden, so wie die Fortuna mit der Spitze der Zehen wieder die rollende Kugel berührt, und durch das fliegende Haar den eilenden Lauf bezeichnet. –

Kein Symbol ist hier dem andern widersprechend – Leben, Leichtigkeit, Bewegung, Wechsel, sind hier so harmonisch bezeichnet, daß die Bezeichnung selbst zur Hauptsache wird, und die Idee sich unterordnet. – Denn wenn man die Fortuna von Guido erblickt, macht man keine Betrachtungen über den Wechsel des Glücks, sondern ergötzt sich an dem Umriß, und der Fülle, dieser leicht und zart entworfenen Luftgestalt. –

[54] Eben so wenig wird man die Aurora von Guido* betrachten, um dadurch den Gedanken an die eigentliche Morgenröthe in sich zu erwecken – sondern der Gedanke an die Morgenröthe wird nur hinzugebracht, um das Gemählde selbst zu erklären, welches hier das Herrschende ist, und für sich allein die Aufmerksamkeit fesselt. –

Durch die Macht des Pinsels ist die Idee untergeordnet – sie dient dem Kunstwerke, das Kunstwerk dient nicht ihr. –

Die Morgenröthe wurde von dem bildenden Künstler zum Gegenstande gewählt, weil eine Zusammensetzung schöner Figuren durch diese Idee veranlaßt wurde; und diese Figuren wurden nicht deswegen zusammengesetzt, damit der Gedanke an die eigentliche Morgenröthe dadurch erweckt werden sollte, welche das Auge selbst in der Natur weit schöner sieht, als irgend ein Pinsel sie darstellen kann. –

* Ein Deckengemählde in dem Pallast Ruspigliosi in Rom.

Die Wiedererinnerung an den eigentlichen Schimmer der Morgenröthe, liegt bey dem Anblick dieses Gemähldes nur gleichsam im Hintergrunde der Einbildungskraft zurückgezogen, und hält sich bescheiden in ihren Grenzen, um den Eindruck dieses schönen Ganzen nicht zu stören. – –

Anhang

Zu dieser Ausgabe

Handschriften sind, wie meistens für Moritz' Werke, auch für die hier edierten Texte nicht überliefert.

Die Texte von Moritz sind nach dem Erstdruck wiedergegeben. Orthographie und Interpunktion des Originals werden in der Regel beibehalten, auch wenn sie in den zu edierenden Drucken uneinheitlich behandelt sind. Emendiert wird nur bei eindeutigen Textfehlern wie vertauschten oder fehlenden Buchstaben, irrtümlichen Wortwiederholungen o. Ä.

Von den vier Aufsätzen ist nur der frühe Beitrag *Versuch einer Vereinigung aller schönen Künste und Wissenschaften unter dem Begriff des in sich selbst Vollendeten* im Fraktursatz erschienen. Folgende graphische Eigentümlichkeiten der Fraktur werden nicht übernommen: Unterschiede der s-Zeichen; Umlautschreibung mit ›e‹ über dem Vokal; die großgeschriebenen Umlaute Ae, Oe und Ue.

Hervorhebungen im Original sind durch Sperrung wiedergegeben.

Die Seitenzahlen des Originaldrucks stehen in eckigen Klammern im Text.

Textergänzungen des Herausgebers stehen in Spitzklammern (⟨ ⟩).

Textvarianten sind nur bei bedeutsamen Abweichungen im Wortlaut verzeichnet. Nicht aufgenommen wurden Abweichungen in der Schriftart (z. B. Kapitälchen/Hervorhebungen), in der Orthographie und Zeichensetzung sowie in der Absatzbildung.

Versuch einer Vereinigung aller schönen Künste und Wissenschaften unter dem Begriff des in sich selbst Vollendeten

1. Überlieferung

Erstdruck (D[1])

Versuch einer Vereinigung aller schönen Künste und Wissenschaften unter dem Begriff des in sich selbst Vollendeten. In: Berlinische Monatsschrift. Bd. 5. 3. Stück. März 1785. S. 225–236.

Verbesserter Neudruck (D[2])

Ueber den Begriff des in sich selbst Vollendeten. In: [Karl Philipp Moritz:] Die große Loge oder der Freimaurer mit Wage und Senkblei. Von dem Verfasser der Beiträge zur Philosophie des Lebens. Berlin[: Felisch,] 1793. S. 153–168.

Für seine Schriftensammlung von 1793 hat Moritz den Aufsatz leicht überarbeitet. Er präzisierte an einigen Stellen den Ausdruck; vor allem änderte er aber den Titel, tilgte die Widmung an Moses Mendelssohn und fügte am Anfang des Textes zwei Absätze ein, die eine Formulierung in Moritz' Hauptschrift *Über die bildende Nachahmung des Schönen* (1788; vgl. S. 16 ff. in dieser Ausgabe) abwandeln. Sie stehen im Zusammenhang mit der Schwierigkeit, Begriffe (hier die Begriffe des Nutzens und Vergnügens) voneinander abzugrenzen: »[...] wo es beym Nachdenken über die Sache bloß aufs Unterscheiden ankömmt; und nothwendig, so wie auf dem Globus, gewisse feste Grenzlinien, die in der Natur selbst nicht Statt finden, gezogen werden müssen, wenn die Begriffe sich nicht wiederum eben so, wie ihre Gegenstände, unmerklich in einander verlieren und verschwimmen sollen: ein getreuerer Abdruck der Natur können sie in diesem letztern Falle seyn, aber das eigentliche Denken, welches nun einmal im Unterscheiden besteht, hört auf« (vgl. hier S. 18).

Druckvorlage

Erstdruck (D^1). Bei der Edition wurden folgende frühere Ausgaben berücksichtigt:

Karl Philipp Moritz: Schriften zur Ästhetik und Poetik. Kritische Ausgabe. Hrsg. von Hans Joachim Schrimpf. Tübingen: Niemeyer, 1962. (Neudrucke deutscher Literaturwerke. N. F. 7.) S. 3–9 und S. 343 f.

Karl Philipp Moritz: Werke in zwei Bänden. Hrsg. von Heide Hollmer und Albert Meier. Bd. 2. Frankfurt a. M.: Deutscher Klassiker Verlag, 1997. (Bibliothek deutscher Klassiker. 145.) S. 943–949 und S. 1286–88 sowie S. 1300 f.

2. Textvarianten (in Auswahl)

7,4 An Herrn Moses Mendelssohn.] *fehlt in D^2*

7,5 Man hat] *davor in D^2 hinzugefügt:* Es ist wohl wahr, daß wir die Grenzlinien schärfer ziehen müssen, als sie in der Natur gezogen sind, sobald wir den Unterschied zweier Dinge zum eigentlichen Gegenstande unsers Nachdenkens machen wollen. | Die Begriffe von Nutzen und Vergnügen aber verlieren sich so sehr in einander, und treffen so nahe zusammen, daß es fast unmöglich ist, sich das Angenehme und Nützliche in einer Gegeneinanderstellung zu denken. Das Nützliche ist so wie das Schöne, nur eine besondere Art des Angenehmen. |

7,6 f. und Wissenschaften] *fehlt in D^2*

8,2 eine] *fehlt in D^2*

8,9–11 Jenes haben wir … dieses erhebt uns über sie.] *fehlt in D^2*

8,23 des Griffes] um das Heft *D^2*

8,25 die Klinge] das Heft *D^2*

fällt] falle *D^2*

9,4 brauchen] gebrauchen *D^2*

9,19 volles] *fehlt in D^2*

9,26–28 Daher das Mißvergnügen … vortreflich ist.] *fehlt in D^2*

10,7 bei] bei der *D^2*

10,11 alle] *fehlt in* D^2
10,22 specielle] besondre D^2
12,4 demselben] *verbessert nach* D^2 *aus:* denselben D^1
12,7 f. könnte] *verbessert nach* D^2 *aus:* konnte D^1
12,16 f. nicht ein] ein nicht D^2
12,22 Schönheiten] Schönheit D^2
12,23 f. Künstler: aber] Künstler aber: D^2
14,9 f. Glükseligkeit will ... nicht erjagt sein. Die] *fehlt in* D^2

Über die bildende Nachahmung des Schönen

1. Überlieferung

Erstdruck (D)

Ueber die bildende Nachahmung des Schönen. von Karl Philipp Moritz. Braunschweig 1788. in der Schul-Buchhandlung.

Veränderte Teilnachdrucke (S^1, S^2)

Mutius Scävola (S^1). In: Die große Loge oder der Freimaurer mit Wage und Senkblei. Von dem Verfasser der Beiträge zur Philosophie des Lebens. Berlin: bey Ernst Felisch, 1793. S. 233–239.

Der bildende Genius (S^2). In: Die große Loge oder der Freimaurer mit Wage und Senkblei. Von dem Verfasser der Beiträge zur Philosophie des Lebens. Berlin: bey Ernst Felisch, 1793. S. 208–224.

Druckvorlage

Erstdruck (D). Bei der Edition wurden folgende frühere Ausgaben berücksichtigt:

Karl Philipp Moritz: Über die bildende Nachahmung des Schönen. Hrsg. von Sigmund Auerbach. Stuttgart: Göschen, 1888. (Deutsche Litteraturdenkmale des 18. und 19. Jahrhunderts in Neudrucken. Hrsg von Bernhard Seuffert. Bd. 31.)

Karl Philipp Moritz: Schriften zur Ästhetik und Poetik. Kritische

Ausgabe. Hrsg. von Hans Joachim Schrimpf. Tübingen: Niemeyer, 1962. (Neudrucke deutscher Literaturwerke. N. F. 7.) S 63–93 und S. 360–367.

Karl Philipp Moritz: Werke in zwei Bänden. Hrsg. von Heide Hollmer und Albert Meier. Bd. 2. Frankfurt a. M.: Deutscher Klassiker Verlag, 1997. (Bibliothek deutscher Klassiker. 145.) S. 958–991 und S. 1289–95 sowie S. 1301–04.

2. Textvarianten (in Auswahl)

17,20 das] *verbessert aus* daß

21,12 vergessen] *verbessert aus* vegessen

22,8 Dadurch also, daß z. B.] Dadurch daß S^1

22,15 durch ihr Daseyn?] durch ihre Entstehung, durch ihr Daseyn? S^1

22,30 noch nicht edel, aber gut] noch nicht im eigentlichen Sinne edel, aber sehr gut S^1

23,1 immer ihre Güte zugleich] ihre Güte zugleich noch S^1

23,24–26 ⟨auf der höchsten, so wie von den herabsteigenden das Unnütze auf der⟩ niedrigsten Stufe] *verbessert aus* auf der niedrigsten Stufe *nach* S^1*:* auf der höchsten, so wie von den herabsteigenden das Unnütze auf der niedrigsten Stuffe

24,18 hinab] herab S^1

24,22 Daseyns hat,] Daseyns hat, warum es da ist S^1

25,4 f. hineinstehlen, und unmerklich sich darin verlieren] hineinstehlen und verlieren S^1

25,8 unedel] nicht edel S^1

28,1 befördernde] *verbessert aus* beförndernde

29,31 bildende] *verbessert aus* bildendende

31,31 Schönen] *verbessert aus* Shönen

32,29 spiegelnd nun] spiegelnd S^2

32,30 f. u n t e r s c h e i d e n d e Denkkraft] unterscheidende Denkkraft, und die darstellende Einbildungskraft S^2

33,20 feinern] feinen S^2

33,30 die deutlich] sich die S^2

34,6 hörbar,] *fehlt in* S^2

34,11 wie] gleichsam wie S^2

34,25 w ä r e , mit dem] wäre, durch seine Bildung zu einem für sich bestehenden Ganzen, mit dem S^2

34,26 f. eigenmächtiges] *verbessert aus* eigemächtiges *nach* S^2

34,28 f. Punkt, wo wir schon einmal waren: daß] Punkt daß S^2

34,30 es, durch die Kunst] es S^2

35,17 f. schönen Kunstwerke selbst,] Werke der schönen Künste selbst S^2

35,21 f. sein w e r d e n] das Werden desselben S^2

36,11 mit dem Inbegriff] den Inbegriff S^2

36,21 grossen] edlen S^2

36,22 allumfassenden] großen S^2

36,30 Schöne] Schönere S^2

37,11 uns] nur S^2

völligen Schluß des] Schluß des völligen S^2

37,31 Der höchste] *verbessert aus* Den höchsten *nach* S^2

39,7 in] an S^2

39,21 nun] nur S^2

39,23 so daß ⟨wir⟩] so daß *D* So daß S^2

40,8 schneidet] scheidet S^2

40,15 höhsten] höchsten S^2

40,31–41,8 Eben weil die Natur die inwohnende Bildungskraft … vom Schlechten und Gemeinen. –] Eben damit das ächte Schöne selten bleibe, läßt die Natur die innwohnende Bildungskraft nicht immer zur völligen Reife und Entwicklung kommen; oder sie läßt sie einen falschen Weg einschlagen, auf den sie sich nie entwickeln kann. Und eben damit das ächte Schöne und Edle durch seinen seltnen Werth sich vom Gemeinen und Schlechten scheide, läßt sie auch aus dem angemaßten Bildungstriebe das Gemeine und Schlechte in dem Maß entstehen, als durch die Vielheit desselben die Seltenheit des ächten Schönen desto glänzender schimmern kann, ohne dadurch ganz verdrängt und überschwemmt zu werden. S^2

41,18 dem] *verbessert aus* den *nach* S^2

41,19 in sofern] inso fern *D,* in so fern S^2

41,26 aus sich] *fehlt in* S^2

41,29 h e r v o r b r i n g e n d] *verbessert aus* hervor dringend *nach* S^2*:* hervorbringend

43,21 strebenden] *verbessert aus* strebende
44,4 allem] *verbessert aus* allen
44,15 bildenden] *verbessert aus* bildelnden
44,25 Umfange] *verbessert aus* Unfange
45,12 schlummernden] *verbessert aus* schlummerden
55,30 f. Vollkommnern] *verbessert aus* Vollkommern
56,9 f. am unmittelbarsten] *verbessert aus* an unmittelbarsten

3. Zum Gehalt

Moritz hat im Februar 1789 den Gehalt seiner Abhandlung über die *Bildende Nachahmung des Schönen* in 18 Thesen für seine Lehrtätigkeit an der *Akademie der Künste und mechanischen Wissenschaften* zusammengefasst. Sie erschienen in der *Monats-Schrift der Akademie der Künste und mechanischen Wissenschaften zu Berlin*, Bd. 2, 2. Stück (Februar 1789), S. 74–77. Als praktische Einführung des Verfassers Moritz in seinen eigenen Text seien diese »Grundlinien zu einer vollständigen Theorie der schönen Künste« hier wiedergegeben:

»Grundlinien zu einer vollständigen Theorie
der schönen Künste*

1) Das ächte Schöne ist nicht bloß in uns und unserer Vorstellungsart, sondern außer uns an den Gegenständen selbst befindlich.
2) Es giebt daher eine würkliche Theorie des Schönen, wodurch das Auge auf einen gewissen Punkt geheftet wird, aus welchem das Schöne nothwendig beobachtet werden muß, wenn es gehörig soll geschätzt und empfunden werden.
3) Dieser Punkt ist allemal in dem Kunstwerke selbst zu suchen: denn jedes ächte Kunstwerk hat einen solchen Punkt in sich, wodurch alle seine Theile, und ihre Stellungen gegen einander noth-[75]wendig werden, und aus diesem Hauptgesichtspunkte betrachtet, sich uns auch als nothwendig darstellen.

* Es versteht sich von selbst, daß diese allgemeinen Sätze, welche nur als Resultate stehn, durch die vollständige Entwickelung derselben, erst erwiesen und in ihr gehöriges Licht gestellet werden müssen.

4) Je nothwendiger nun alle einzelnen Theile eines Kunstwerks und ihre Stellungen gegen einander sind; desto schöner ist das Werk; je weniger sie aber nothwendig sind; und je mehr, unbeschadet des Ganzen, noch hinzugethan oder davon abgenommen werden kann; desto schlechter und mittelmäßiger ist das Werk⟨.⟩

5) Durch die gehörige Betrachtung des ächten Schönen in der Poesie, muß der Geschmack zu der Schätzung und Betrachtung des Schönen in den Werken der bildenden Künste erst vorbereitet werden.

6) Denn die Poesie beschreibt das Schöne der bildenden Künste, indem sie dieselben Verhältnisse mit Worten umfaßt, welche in der bildenden Kunst durch Umrisse bezeichnet werden.

7) Die vollkommenste Darstellung der vollkommensten menschlichen Bildung ist der höchste Gipfel der Kunst, nach welchem sich alles übrige abmißt.

8) Das Schöne schließt das Nützliche nicht aus; wenn es sich aber dem Nützlichen unterordnet, wird es zur Zierde.

9) Aus der höchsten Mischung des Schönen mit dem Edlen entsteht der Begriff des Majestätischen.

10) Wenn wir das Edle in Handlung und Gesinnung mit dem [76] Unedlen messen; so nennen wir das Edle groß, das Unedle klein. Und messen wir wieder das Edle, Große und Schöne nach der Höhe, in der es über uns, unserer Fassungskraft kaum noch erreichbar ist; so geht der Begriff des Schönen in den Begriff des Erhabenen über.

11) Unsere Empfindungswerkzeuge schreiben dem Schönen sein Maaß vor.

12) Der Zusammenhang der ganzen Natur würde für uns das höchste Schöne seyn, wenn wir ihn einen Augenblick umfassen könnten.

13) Jedes schöne Ganze der Kunst ist im Kleinen ein Abdruck des höchsten Schönen im großen Ganzen der Natur.

14) Der gebohrne Künstler begnügt sich nicht, die Natur anzuschauen, er muß ihr nachahmen, ihr nachstreben, und bilden und schaffen, so wie sie.

15) Der höchste Genuß des Schönen läßt sich nur in dessen Werden aus eigner Kraft empfinden. Jeder Nachgenuß desselben ist nur eine Folge seines Daseyns.

16) Damit wir den Genuß des Schönen nicht ganz entbehren, tritt der Geschmack oder die Empfindungsfähigkeit für das Schöne in uns an die Stelle der hervorbringenden Kraft, und nähert sich ihr, so viel als möglich, ohne in sie selbst überzugehen.

17) Je vollkommner das Empfindungsvermögen für eine ge-[77] wisse Gattung des Schönen ist, um desto mehr ist es in Gefahr sich zu täuschen, sich selbst für Bildungskraft zu nehmen, und auf die Weise durch tausend mißlingende Versuche den Frieden mit sich selbst zu stören.

18) Was uns allein zum wahren Genuß des Schönen bilden kann, ist das, wodurch das Schöne selbst entstand: ruhige Betrachtung der Natur und Kunst, als eines einzigen großen Ganzen; denn was die Vorwelt hervorgebracht, ist nun mit der Natur verbunden für uns eins geworden, und soll, mit ihr vereint, harmonisch auf uns wirken.«

In wie fern Kunstwerke beschrieben werden können?

1. Überlieferung

Erstdruck (D¹)

In wie fern Kunstwerke beschrieben werden können? Von Herrn Professor Moritz. In: Monats-Schrift der Akademie der Künste und mechanischen Wissenschaften zu Berlin. [Hrsg. von Andreas Riem und Karl Philipp Moritz.] Berlin: Verlag der Königlich Preußischen Akademischen Kunst- und Buchhandlung, 1788/89. [1. Tl.:] 1. Jg. Bd. 2. 4. Stück. Oktober 1788. S. 159–168. – [Tl. 2:] Ebd. 5. Stück. November 1788. S. 204–210 (»Fortsetzung«). – [Tl. 3:] 2. Jg. Bd. 3. 1. Stück. 1789. S. 3–5 (»Beschluß«).

Wiederabdruck (D^2)

Die Signatur des Schönen. In: [Karl Philipp Moritz:] Die große Loge oder der Freimaurer mit Wage und Senkblei. Von dem Verfasser der Beiträge zur Philosophie des Lebens. Berlin[: Felisch,] 1793. S. 89–111.

Textparallele (D^3)

Apollo in Belvedere. In: Reisen eines Deutschen in Italien in den Jahren 1786 bis 1788. In Briefen von Karl Philipp Moritz. Dritter Theil. Berlin[: Maurer,] 1793. S. 156–158. [Darin gibt Moritz thematisch ähnlich seine Kritik an Winckelmanns Beschreibung des Apoll von Belvedere wieder und ergänzt diese noch um eine grundsätzliche Kritik von Winckelmanns Platonismus.]

Druckvorlage

Erstdruck (D^1). Bei der Edition wurden folgende frühere Ausgaben berücksichtigt:

Karl Philipp Moritz: Schriften zur Ästhetik und Poetik. Kritische Ausgabe. Hrsg. von Hans Joachim Schrimpf. Tübingen: Niemeyer, 1962. (Neudrucke deutscher Literaturwerke. N. F. 7.) S. 3–9 und S. 343 f.

Karl Philipp Moritz: Werke in zwei Bänden. Hrsg. von Heide Hollmer und Albert Meier. Bd. 2. Frankfurt a. M.: Deutscher Klassiker Verlag, 1997 (Bibliothek deutscher Klassiker. 145.) S. 992–1003 und S. 1295 f. sowie S. 1304 f.

2. Textvarianten (in Auswahl)

58,28 Ovids Verwandlungen, im sechsten Buche] *fehlt in D^2*
59,6 f. hinzureißen, und] hinzureißen – nur *D^2*
59,11 jene] jenes *D^2*
59,16 Todten] Todten selbst *D^2*
60,2 Seel'] Seele *D^2*
60,20 f. Künstlers, in jedem Zuge] Künstlers *D^2*
61,3 Aug] Auge *D^2*

62,14 edlern Schmuck,] andern Schmuck D^2
64,1 Embrio] Embryo D^2
64,4 nun seinen eignen] seinen eigenen D^2
64,11 auch alles übrige] alles übrige selbst wieder D^2
64,19 werden] reden D^2
64,26 Rind'] Rinde D^2
65,9 auflöset] *verbessert aus* aüflöset
65,29 umschreibt] beschreibt D^2
65,30 bildenden Künstlers] Künstlers D^2
66,15 wollen] sollen D^2
66,18 Sachen willen] Sache willen, jedesmal wieder D^2
66,23 auch] nun auch D^2
66,31 Kunst] Künste D^2
69,4 Eingreifenden,] Eingreifenden; D^2
69,5 Rechten,] Mächtigen; D^2
69,12 welches] welcher D^2
69,15 f. Geraden] Mächtigen D^2
70,2 Aug'] Auge D^2
70,4 verlohrensten] *verbessert aus* verlohrendsten *nach* D^2*:* verlohrensten
70,12 einem bestimmten Maaße] *verbessert aus* einer bestimmten Masse *nach* D^2*:* einem bestimmten Maße
70,22 er] *verbessert aus* es *nach* D^2*:* er
70,27–72,5 Wir kommen … geben] *fehlt in* D^2
71,7 f. Winkelmanns Beschreibung vom Apollo im Belvedere] *In* D^3 *heißt es:*

Wer nun aber mit dem Winkelmann in der Hand den Apollo betrachtet, und lieset:

»Eine Stirn des Jupiters, die mit der Göttin der Weisheit schwanger ist. – Augen der Königin der Göttinnen mit Großheit gewölbt – sein Haar scheint gesalbt mit dem Oele der Götter, und von den Grazien mit holder Pracht auf seine Scheitel gebunden.«

Wer diese Worte lieset indem er den Apollo betrachtet, der wird viel zu sehr dadurch gestört, und auf Nebendinge geführt, als daß die reine Schönheit des Ganzen ihn noch rühren könnte. – Er muß nach dieser Beschreibung sich die Schönheiten des hohen und einfachen Kunstwerks, eine nach der andern gleichsam aufzählen, welches eine Beleidigung des Kunstwerks ist, dessen ganze Hoheit in seiner Einfachheit besteht.

Wem daran liegt, dem Schönen zu huldigen, wird seine Rede dem Kunstwerke, das er beschreiben will, unterordnen, und mehr durch halbe Winke andeuten, als vollständig zu beschreiben suchen: denn nicht seine Beschreibung sondern der Gegenstand derselben soll bewundert, und über den Anblick des Kunstwerks selbst soll jede Beschreibung vergessen werden.

Winkelmanns Beschreibung des Apollo in Belvedere scheint mir für ihren Gegenstand viel zu zusammengesetzt und gekünstelt. –

Der Genius der Kunst war neben ihm eingeschlummert, da er sie niederschrieb; und er dachte gewiß mehr an die Schönheit seiner Worte, als an die wirkliche Schönheit des hohen Götterideals, das er beschrieb.

Aus dieser Verstimmung kömmt der falsche Rath: »Gehe mit deinem Geiste in das Reich unkörperlicher Schönheit, und versuche ein Schöpfer einer himmlischen Natur zu werden, um den Geist mit Schönheiten, die sich über die Natur erheben, zu erfüllen!«

Wer diesem Rathe folgt, wird ganz des Ziels verfehlen – Die Kunst mit ihrem Geiste soll in das Reich der körperlichen Schönheiten immer tiefer dringen, und alles Geistige bis zum Ausdruck durch den Körper führen; sie soll den Geist mit Schönheiten, die in der Natur würklich sind, erfüllen, um sich bis zum Ideal der höchsten Körperschönheit zu erheben.

Über die Allegorie

1. Überlieferung

Erstdruck (D[1])

Ueber die Allegorie. In: Monats-Schrift der Akademie der Künste und mechan.[ischen] Wissenschaften zu Berlin. [Hrsg. von Andreas Riem und Karl Philipp Moritz.] Berlin: Verlag der Königlich Preußischen Akademischen Kunst- und Buchhandlung, 1789.] Zweyten Jahrgangs Zweytes Stück. S. 49–54. [Unterzeichnet mit: »Moritz«. Die unter dem Text angekündigte »künftige« Fortsetzung ist nicht erschienen.]

Nachdruck (D[2])

Ueber die Allegorie. In: Vorbegriffe zu einer Theorie der Ornamente von Karl Philipp Moritz. Mit Kupfern. Berlin: in Karl Matzdorff's Buchhandlung, 1793. S. 41–47.

Textparallele (D[3])

Neuarrangement des Textes in:

Reisen eines Deutschen in Italien in den Jahren 1786 bis 1788. In Briefen von Karl Philipp Moritz. Dritter Theil. Berlin: bei Friedrich Maurer, 1793. [Kap. »Aurora von Guido« und »Fortuna – von Guido«, S. 87–91.]

Druckvorlage

Erstdruck (D[1]). Bei der Edition wurden folgende frühere Ausgaben berücksichtigt:

Karl Philipp Moritz: Schriften zur Ästhetik und Poetik. Kritische Ausgabe. Hrsg. von Hans Joachim Schrimpf. Tübingen: Niemeyer, 1962. (Neudrucke deutscher Literaturwerke. N. F. 7.) S. 112–115 und S. 371–373.

Karl Philipp Moritz: Werke in 2 Bänden. Hrsg. von Heide Hollmer und Albert Meier. Bd. 2. Frankfurt a. M.: Deutscher Klassiker Verlag, 1997. (Bibliothek deutscher Klassiker. 145.) S. 1008–11 und S. 1297 sowie S. 1306.

2. Textvarianten (in Auswahl)

73,15 dem] den D^2
74,21 dem Hauptgemählde] den Hauptgemählden D^2
74,27 f. einnehmen] entweihen D^2
75,7 erfodert] erfordert D^2
75,19 f. wie eine todte Masse,] *fehlt in* D^2
76,2 einer] ihrer D^2
76,30 *Fußnote fehlt in* D^2
77,3 f. zurückgezogen] *fehlt in* D^2

Anmerkungen

Versuch einer Vereinigung aller schönen Künste und Wissenschaften unter dem Begriff des in sich selbst Vollendeten

7,1 f. *schönen Künste und Wissenschaften:* im 17. und 18. Jh. nicht eindeutig voneinander unterschiedene Tätigkeitsfelder. Die »schönen Künste« umfassen im Wesentlichen Bildende Kunst, Tanzkunst, Musik, gelegentlich auch Baukunst; die »schönen Wissenschaften« betreffen Dicht- und Redekunst. Diese bedienen sich der Sprache und damit ›willkürlicher Zeichen‹ zum Ausdruck, während die schönen Künste auf die sog. ›natürlichen Zeichen‹ zurückgehen. Der letztlich auf Leibniz' Unterscheidung der »symbolischen« von der »anschaulichen« Erkenntnis zurückgehenden Zeichentheorie des 18. Jh.s gemäß sind ›natürliche Zeichen‹ »solche, die eine nothwendige Verbindung mit dem Bezeichneten haben«, während ›willkürliche‹ »durch die Willkühr der Menschen festgesetzt sind« (Johann August Eberhard, *Theorie der schönen Wissenschaften*, Halle 1783, S. 7 f.).

7,4 *Moses Mendelssohn:* der jüdische Popularphilosoph Moses Mendelssohn (1729–1786), Hauptvertreter der Berliner Aufklärung, mit dem Moritz bekannt war und in dessen Haus er verkehrte. Moritz rühmte Mendelssohn in einem langen Nachruf als »Sokrates seines Zeitalters« und »ächten Weisen«, »der mit der Fackel der Philosophie sein Jahrhundert erleuchten half« (*Über Moses Mendelssohn*, in: *Denkwürdigkeiten, aufgezeichnet zur Beförderung des Edlen und Schönen*, hrsg. von Claudia Stockinger, Berlin 2013 (KMA 11), S. 39 und 20).

7,5 *Nachahmung:* »Nachahmung« (griech. *mimesis*; lat. *imitatio*) ist seit Aristoteles' *Poetik* die Hauptkategorie in der abendländischen Reflexion auf das Wesen der Kunst und ein Grundbegriff der frühaufklärerischen, klassizistischen Ästhetik. Im Titel seines Aufsatzes bezieht sich Moritz auf das einflussreiche Hauptwerk *Les beaux-arts réduits à un même principe* des rationalistischen frz. Ästhetikers Charles Batteux (1713–1780), worin dieser die ›nützlichen‹ mechanischen Künste – also Handwerk und Technik – von den ›angenehmen‹ schönen Künsten unterschieden und diese als Nachahmung der schönen Natur erklärt hatte (dt. Übers.: *Die schönen Künste, auf einen einzigen Grundsatz zurückgeführt*, 1746).

7,7–9 *Vergnügens ... dem ersten Grundgesetze der schönen Künste:* bezieht sich auf die Vertreter der aufklärerischen Wirkungsästhetik, wobei Moritz wohl besonders an Moses Mendelssohns Aufsatz *Über die Hauptgrundsätze der schönen Künste und Wissenschaften* (1757/71) und Johann August Eberhards *Theorie der schönen Wissenschaften* (Halle 1783) dachte (vgl. Nachwort, S. 132–136). Eberhard definiert die schönen oder freien Künste als diejenigen, die sich »mit den Werken ⟨beschäftigen⟩, welche die Verbesserung der untern Erkenntnißvermögen oder zu vergnügen zur letzten und vornehmsten Absicht haben« (*Theorie der schönen Wissenschaften*, S. 4).

7,11 *mechanischen:* Die mechanischen Künste umfassten alle handwerklichen und technischen Fertigkeiten.

10,21 *uneigennützigen Liebe:* in der christlichen Mystik und im Pietismus verbreitete Vorstellung, die Moritz durch seine quietistische Erziehung vertraut war. Der frz. Theologe François Fénelon (1651–1715) und die Mystikerin Madame Guyon (Jeanne-Marie Guyon du Chesnoy; 1648–1717) propagierten als Kernstück ihrer Mystik eine »gänzliche Ertötung aller sogenannten Eigenheit oder Eigenliebe, und eine völlig uninteressierte Liebe zu Gott, worin sich auch kein Fünkchen Selbstliebe mehr mischen darf, wenn sie rein sein soll« (Moritz, *Anton Reiser*, in: Werke 1, S. 88).

13,18 *laß:* müde, kraftlos.

13,19 *wornach:* bis Anfang des 19. Jh.s gebräuchliche Form von »wonach«.

14,6 *Glükseligkeit:* Zustand vollkommenen Glücks und Befriedigung aller Leidenschaften. Für die Aufklärung höchstes Ziel des Handelns; ethischer Wert als Ziel der Lebensführung (Eudämonie, von griech. *eudaimonía*), der als solcher erstrebenswert ist.

14,10 f. *Glükseligkeitslinie ... Vollkommenheitslinie:* Die geometrische Spekulation findet sich des Öfteren in Moritz' Werk; die Ausdrücke sind wahrscheinlich angelehnt an den Begriff der »Schönheitslinie«, die der brit. Zeichner und Maler William Hogarth (1697–1764) als Wellenlinie bestimmte (*The Analysis of Beauty*, London 1753). Moritz' *Andreas Hartknopf* (1786) erwähnt »tiefsinnige Betrachtungen« der Hauptfigur »über die gerade und über die krumme Linie, und in wie fern die gerade Linie gleichsam das Bild des Zweckmäßigen in unsern Handlungen sei, indem die Tätigkeit der Seele den kürzesten Weg zu ihrem Ziele nimmt – die krumme Linie hingegen das Schöne, Tändelnde und Spielende, den Tanz, das Spazierengehen bezeichnet« (Werke 1, S. 525). In dem 1793 gedruckten Aufsatz *Die metaphysische Schönheitslinie* spekuliert Moritz ähnlich über »Wahrheitslinie« und »Schönheitslinie«.

Über die bildende Nachahmung des Schönen

16,2 f. *Komödie des Aristophanes:* die 423 v. Chr. in Athen aufgeführte Komödie *Die Wolken* des griech. Komödiendichters Aristophanes (vor 445 – um 385 v. Chr.); dt. Übers. von Johann Justus Herwig (Bamberg/Würzburg 1772) und Christian Gottfried Schütz (Halle 1781). Aristophanes verspottet darin den jungen Philosophen Sokrates (469–399 v. Chr.) als Sophisten, gegenläufig zur kanonischen Darstellung des griech. Philosophen Platon (428/427–348/347 v. Chr.). In seiner *Apologie* des Sokrates bezieht sich Platon mehrmals kritisch auf Aristophanes als einen der Verleumder des Sokrates, der mitschuldig sei an den Vorwürfen, die Sokrates schließlich als einem ›Verderber der Jugend‹ und Leugner der alten Götter die Verurteilung zum Gifttod einbrachten.

16,3 f. *dem Sokrates … nachahmt:* im 18. Jh. noch alternativ übliche Verbindung des Verbs ›nachahmen‹ mit dem Dativ der Person.

16,3 *Schauplatze:* Theater.

17,4 *dürfen:* hier im Sinne von ›müssen‹.

17,4 f. *trägt die ganze Oberfläche einer fremden Individualität auf die seinige über:* 1791 von Moritz als Zeichen der Zeit in seinen *Beiträgen zur Philosophie* beklagt: »Es ist unglaublich, wie viele Menschen an dieser Krankheit leiden, welche das vernachlässigen w a s sie sind, ohne das je zu erreichen, wornach sie streben; weil das, wornach sie streben, nur eine fremde Oberfläche und nicht das Wesentliche ist, das in ihnen so gut, wie in jedem andern verborgen liegt, und nur Ruhe und Stille der Seele erfordert, um aufzukeimen, und in Äste und Zweige sich auszubreiten« (*Beiträge zur Philosophie des Lebens aus dem Tagebuch eines Freimäurers*, 3., verb. Aufl., Berlin 1791, S. 163–168: Anhang »Über die Selbsttäuschung«, hier S. 166).

18,22 *Ideenspiel:* von Moritz gern gebrauchte Gattungsbezeichnung für ein experimentelles Phantasieren. Vgl. Moritz' eigene Definition in seiner Kinderlogik: »[Das Spiel hat] weiter keinen Zweck [...] als sich selbst – [...] Der Begriff von Spiel verträgt sich nicht mit dem Begriff von mühsamer Anstrengung – ausgenommen wenn der Mensch die mühsame Anstrengung selbst zum Spiel macht, indem er sich ihr, ohne weiter einen Zweck dadurch zu erreichen, um ihrer selbst willen, freiwillig unterzieht [...] Was sind die größten menschlichen Unternehmungen, da sie doch von der Zeit wieder verschwemmt werden, und oft keine Spur zurücklassen, anders, als ein großes Spiel, wo die Anwendung der menschlichen Kräfte, die dazu erfordert wurden, keinen Zweck, als sich selbst gehabt zu haben scheinen [...] Allein indem der Mensch auf die Weise spielt, indem er Kartenhäuser baut, die ein Hauch umweht, und Königreiche und Republiken stiftet, die die Zeit zerstört – | so läßt ihn die gütige Natur gleichsam spielend ihre großen Endzwecke zur Veredlung und Bildung seines Geistes erreichen, der in diesen großen und kleinen Spielen seine Denkkraft übt, um dereinst einen höhern Flug zu nehmen – | Durch dieß ganze Buch sind die Ideen auf mannichfaltige Weise in Bewegung gesetzt worden, bloß um in Bewegung gesetzt zu werden – dasjenige, was also dadurch in der Seele veranlaßt wird, ist: | ein Ideenspiel –« (*Versuch einer kleinen praktischen Kinderlogik, welche auch zum Theil für Lehrer und Denker geschrieben ist*, zit. nach: *Schriften zur Pädagogik und Freimaurerei*, hrsg. von Jürgen Jahnke, Berlin 2013 (KMA 6), S. 228 f.).

19,6 *Fond:* aus lat. *fundus* in das frz. *fond* ›Grund‹ übernommen; meint den Hinter- oder Untergrund einer Bilddarstellung.

22,8 *die That des Mutius Scaevola:* Gaius Mucius Scaevola, legendärer röm. Held, der Rom im Jahr 508 v. Chr. vor der Eroberung durch den etruskischen König Porsenna bewahrt haben soll. Der gefangene junge Römer soll seine rechte Hand freiwillig im Feuer verbrannt haben, um seine Vaterlandsliebe und seine Opferbereitschaft zu demonstrieren, worauf Porsenna ihn freiließ. Die Geschichte von dem später »Scaevola« (»Linkshänder«) Genannten ist überliefert von dem röm. Historiker Livius (um 59 v. Chr. – um 17 n. Chr.) in seinen Büchern *Ab urbe condita* (Liv. 2,12,1–2,13,5) und war ein beliebtes Tugendexempel und Bildmotiv in der Historienmalerei.

24,12 f. *Endzwecks:* von Leibniz geprägter teleologischer Begriff.

26,22 *je mehrere solcher Beziehungen:* vielleicht beeinflusst von Denis Diderots Artikel über das Schöne (»beau«) in der *Encyclopédie* (1751), worin er das Schöne bestimmt über die Vielzahl seiner »rapports«.

30,13 *Spur:* vgl. das Nachwort, S. 181–183.

31,6 *Reihe der Dinge:* Anspielung auf die »Vast chain of Being«, die Idee eines hierarchisch geordneten Zusammenhangs von göttlich-geistigen, menschlichen, tierischen und niederen Wesen im Universum, die der engl. Klassizist Alexander Pope in seinem *Essay on Man* (1733/34) wirkungsreich für das 18. Jh. formuliert hatte; vgl. zur Geschichte dieser auf die Antike zurückgehenden Idee Arthur O. Lovejoy, *The Great Chain of Being. A Study of the History of an Idea*, New York [u. a.] 1960. Moritz spricht den Gedanken von der großen Kette der Wesen oder von einem geheimen Band häufig an (vgl. *Anthusa oder Roms Alterthümer*, KMA 4/1, S. 17 f. und S. 242; *Über die Vereinfachung der menschlichen Kenntnisse*, in: *Deutsche Monatsschrift*, 3. Bd., 1791, S. 269).

31,16 *Thatkraft:* im Sinne von ›Energie‹. Die Vorstellung einer »thätigen Kraft« ist durch Leibniz in die Vermögenspsychologie der Aufklärung eingewandert (Johannes Nikolaus Tetens, Johann Gottfried Herder), vgl. Costazza (1996b).

31,17 *ehr:* »eher«; vgl. zur alten Form DWb 3, Sp. 52.

32,29–42,6 *Je lebhafter spiegelnd … für sich allein statt finden:* von

Moritz 1793 unter dem Titel *Der bildende Genius* in seine Textsammlung *Die große Loge* aufgenommen.

32,29 *Organ:* von griech. *órganon* und lat. *organum,* »womit besonders die Werkzeuge der äußern Sinne, der Empfindung, im weitern Verstande aber auch der Veränderung an und in den Körpern bezeichnet werden. Die Organe der Empfindungen, die Werkzeuge, oder Hülfsmittel, wodurch ein Körper empfindet« (vgl. Adelung 3, S. 614).

33,12–43,10 *Der Horizont der thätigen Kraft ... nicht ersetzen kann:* von Goethe als Beleg dafür, »was für Gedanken sich in jener Zeit vor uns aufthaten«, in die *Italienische Reise* (»Zweiter römischer Aufenthalt vom Juni 1787 bis April 1788«) aufgenommen (WA I 32, S. 303–315, hier S. 303).

40,15 *höhsten:* alter Superlativ »höh(e)ster«; vgl. DWb 10, Sp. 1590.

45,7 *gnügte:* zeitgenössisch übliche Form von »genügte«, vgl. DWb 5, Sp. 3507.

50,2 f. *Und das Individuum muß dulden, wenn die Gattung sich erheben soll:* möglicherweise beeinflusst durch Immanuel Kants geschichtsphilosophischen Aufsatz *Idee zu einer allgemeinen Geschichte in weltbürgerlicher Absicht* (Erstdruck in der von Moritz gelesenen *Berlinischen Monatsschrift,* 1784, S. 385–410), worin Kant mutmaßt, »daß auf die Art, was an einzelnen Subjecten verwickelt und regellos in die Augen fällt, an der ganzen Gattung doch als eine stetig fortgehende, obgleich langsame Entwicklung der ursprünglichen Anlagen derselben werde erkannt werden können« (Kant, *Gesammelte Schriften. Akademie-Ausgabe,* Bd. VIII, Berlin/Leipzig 1923, S. 17). Im »4. Satz« des Textes heißt es: »Dank sei also der Natur für die Unvertragsamkeit, für die mißgünstig wetteifernde Eitelkeit, für die nicht zu befriedigende Begierde zum Haben oder auch zum Herrschen! Ohne sie würden alle vortreffliche Naturanlagen in der Menschheit ewig unentwickelt schlummern. Der Mensch will Eintracht; aber die Natur weiß besser, was für seine Gattung gut ist: sie will Zwietracht. Er will gemächlich und vergnügt leben; die Natur will aber, er soll aus der Lässigkeit und unthätigen Genügsamkeit hinaus sich in Arbeit und Mühseligkeiten stürzen, um dagegen auch Mittel auszufinden, sich klüglich wiederum aus den letztern heraus zu ziehen« (ebd., S. 21).

51,18–24 *wie der Greis Priamus beim Homer ... Achaja erregten:* In Homers Epos *Ilias* redet der letzte trojanische König Priamos (lat.: Priamus) die von seinem Sohn Paris entführte Helena, Gattin des griech. Königs Menelaos, an, die zur Ursache des Trojanischen Kriegs wurde (3. Gesang, V. 164 f.). »Achaia« heißt das von den Achaiern besiedelten Gebiet auf der griech. Halbinsel Peloponnes; in Homers Epen bezeichnen die »Achäer« die Griechen. – Die Verse hat Moritz wohl selbst übersetzt; Homers Werke kannte Moritz aus der Schule und eigenem Privatstudium. Die *Ilias* und die *Odyssee* las er im Original und in der lat. Übertragung (vgl. Karl Friedrich Klischnig, *Erinnerungen aus den zehn letzten Lebensjahren meines Freundes Anton Reiser. Als ein Beitrag zur Lebensgeschichte des Herrn Hofrath Moritz*, Berlin 1794, S. 100).

51,25–52,6 *die zürnenden Trojaner ... schöner Gebehrde:* Die Ältesten der Stadt Troja, darunter Priamus, äußern dies am Skäischen Tor angesichts der schönen Helena (*Ilias*, 3. Gesang, V. 156–158). Die berühmten Zeilen führt Lessing in seiner Abhandlung *Laokoon oder über die Grenzen der Mahlerey und Poesie* (1766) an, die Moritz offenbar zur Abfassungszeit der *Bildenden Nachahmung* gelesen hat (vgl. Nachwort, S. 175–177): »Was kann eine lebhaftere Idee von Schönheit gewähren, als das kalte Alter sie des Krieges wohl wert erkennen lassen, der so viel Blut und so viele Tränen kostet?« (Lessing, 1996, S. 138 f.; vgl. auch ebd., S. 141).

52,7–10 *Der Kampf muß also durchgekämpft ... Hekuba ihr Haar zerraufen:* Moritz greift diese Formulierung wieder auf bei der Beschreibung des irdischen Daseins in seiner *Götterlehre* (1791): »Krieg und Empörung sind erst da, wo das ungemessene Ganze sich in die kleinern Punkte zusammendrängt, wo es sich aneinanderreibt, stößt und lebendig wird. – Da ist die immerwährende Werkstatt der Bildung und Zerstörung; aber auch der Sitz der Wehklage, des Zorns, des Jammers. – Da muß Hektor fallen; – Hekuba muß ihr Haar zerraufen, – und Troja ein Raub der Flammen werden« (S. 106 f.).

52,10 *Hektor:* ältester Sohn des Königs Priamos, trojanischer Hauptheld und Widersacher des Achilles, der ihn im Zweikampf tötete und seinen Leichnam um die Stadt schleifte im Angesicht seines wehklagenden Vaters Priamos und seiner Mutter Hekuba.

52,10 *Hekuba:* lat. Name der »Hekabe«, der Gattin des Primaos und Mutter Hektors; die Episode steht im 22. Gesang der *Ilias*, V. 405 f.

53,26 *Sysiphus:* Sisyphus (griech.: Sisyphos), in der griech. Sage der einfallsreiche König von Korinth, dem von den Göttern als Strafe für die Überlistung des Tods auferlegt wurde, in der Unterwelt »auf die Spitze eines Berges einen großen Stein zu wälzen, der immer durch seine Schwere wieder hinunter rollt, so daß dem Unglücklichen, der unaufhörlich sich abarbeitet, kein Augenblick der Ruhe und Erholung gestattet ist« (Moritz, *Götterlehre oder mythologische Dichtungen der Alten*, Berlin 1791, S. 397).

Tantalus: Gestalt der griech. Sage. Tantalus schlachtete seinen Sohn Pelops und setzte ihn den Göttern zum Mahl vor, um ihre Allwissenheit zu prüfen. »Des Tantalus Strafe war, vor Durst verschmachtend stets die klare Fluth zu sehen, die bis ans Kinn vor ihm emporstieg, und schnell zurückwich, sobald er die Lippe benetzen wollte; – und über sich stets mit Sehnsucht den niedergesenkten früchtebeladnen Zweig zu sehen, der schnell in die Höhe wich, sobald er darnach seine Hand ausstreckte. Diese Strafe selber war gleichsam nur eine Fortsetzung seines Lebens; ein Bild jener nie gestillten Begier, in das Wesen der Dinge, und in die Geheimnisse der Götter einzudringen« (Moritz, *Götterlehre oder mythologische Dichtungen der Alten*, Berlin 1791, S. 393 f.).

54,20–25 *zum Gott verkörperte Jugend … sendet?:* Gemeint sind die jugendliche griech. Göttin der Jagd Artemis (lat.: Diana) und ihr Zwillingsbruder Apollon (lat.: Apollo), der Gott des Lichts, der Künste usw., die beide als Bogenschützen wirken. »Apollo und Diana sind die verschwisterten Todesgötter; – sie theilen sich in die Gattung: – Jener nimmt sich den Mann, und diese das Weib zum Ziele; und wen das Alter beschleicht, den tödten sie mit sanftem Pfeil; damit die Gattung sich in ewiger Jugend erhalte, während daß Bildung und Zerstörung immer gleichen Schritt hält« (Moritz, *Götterlehre oder mythologische Dichtungen der Alten*, Berlin 1791, S. 110). Apollo sandte mit seinem silbernen

Bogen eine verderbenbringende Pest in das griech. Lager vor Troja (*Ilias*, 1. Gesang, V. 35–61; vgl. *Götterlehre*, S. 111 f.). Die Verbindung der Gegensätze in der Phantasiefigur Apollo hob Moritz auch in der *Götterlehre* hervor: »Der Gott der Schönheit und Jugend, den Saitenspiel und Gesang erfreut, trägt auch den Köcher auf seiner Schulter, spannt den silbernen Bogen, und sendet zürnend seine Pfeile, daß sie verderbliche Seuchen bringen, oder er tödtet auch mit s a n f t e m G e s c h o ß die Menschen. Unter den Dichtungen der Alten ist diese eine der erhabensten und liebenswürdigsten, weil sie selbst den Begriff der Zerstörung, ohne davor zurückzubeben, in den Begriff der Jugend und Schönheit wieder auflößt, und auf die Weise dem ganz E n t g e g e n g e s e t z t e n dennoch einen harmonischen Einklang giebt« (*Götterlehre*, S. 110).

55,9 f. *die Zähne des Drachen ... Saat des Kadmus:* Der phönizische Königssohn Cadmus (griech.: Kadmos), in der griech. Mythologie Gründer Thebens, erschlug einen Drachen, weil er seine Gefährten getötet hatte. Darauf musste er »auf den Befehl der Minerva, die Zähne des Drachen in die Erde säen. – Aus dieser Saat keimten geharnischte Männer auf, die sogleich ihre Schwerdter gegeneinander zückten, und sich einander erschlugen, bis auf fünf, die dem Kadmus Theben erbauen halfen« (Moritz, *Götterlehre oder mythologische Dichtungen der Alten*, Berlin 1791, S. 347).

In wie fern Kunstwerke beschrieben werden können?

58,3 *Philomele:* antiker Mythos, von Sophokles in seinem Drama *Tereus* gestaltet und von Ovid in den *Metamorphosen* wirkungsmächtig erzählt: Die Tochter des athenischen Königs Pandion wurde von ihrem Schwager, dem thrakischen König Tereus, vergewaltigt. Als sie darauf Rache schwor, schnitt Tereus ihr die Zunge ab und hielt sie gefangen. Philomele wob darauf die Erzählung ihres Schicksals mit »pupurnen Zeichen« in ein Gewebe und schickte dieses an ihre Schwester Prokne, die sie darauf befreite. Die Schwestern schlachteten aus Rache den Sohn des Tereus, Itys, und setzten ihn dem Vater als Mahl vor. Als Tereus sie darauf verfolgte, wurde Philomene von den Göttern in eine Nachtigall, Prokne in eine Schwalbe verwandelt (teilweise auch umgekehrt erzählt). Tereus wurde zu einem Wiedehopf (bzw. Habicht).

58,4 *Gewand:* hier im zeitgenössisch belegten Sinne von »Gewebe, Tuch« (vgl. Adelung 2, Sp. 655).

58,7 *Charaktere:* hier im Sinne von »Buchstaben oder Schriftzeichen« (DWb 1, S. 181).

58,25 *unglücklichen Weibe des Kollatinus:* von dem röm. Historiker Titus Livius (um 59 – um 17 v. Chr.) in seinem Geschichtswerk *Ab urbe condita* (dt.: *Geschichte seit der Gründung der Stadt Rom*) überlieferte, im 6. Jh. v. Chr. angesiedelte Sage (Liv. 1,58–60). Die schöne und tugendhafte Lucretia, Gattin des Lucius Tarquinius Collatinus, wurde von Sextus Tarquinius, dem Sohn des letzten röm. Königs Tarquinius Superbus, vergewaltigt. Nachdem sie die Untat ihrem Vater, ihrem Mann und Freunden geschildert hatte, nahm sie sich das Leben, um ihre Keuschheit unter Beweis zu stellen. Ihr Freitod soll der Anlass zum Sturz des röm. Königtums und zur Umwandlung Roms in eine Republik gewesen sein. Lucretia galt als musterhafte Tugendheldin; ihr Selbstmord war ein oft dargestelltes Thema der europäischen Malerei.

58,28 *Ovids Verwandlungen:* die berühmte Sammlung von Verwandlungsgeschichten des röm. Dichters Publius Ovidius Naso (43 v. Chr. – 17/18 n. Chr.), *Metamorphoseon Libri,* entstanden um 1 v. Chr. – um 8 n. Chr. Die Sage von Philomele ist in V. 412–674 des 6. Buchs erzählt.

59,5 *durfte:* im Sinne von ›musste‹ (vgl. Adelung 1, Sp. 1618).

Virginius: in der Tragödienliteratur (z. B. Lessing, Emilia Galotti) häufig gestaltete Sage aus der Zeit der Ständekämpfe zwischen den Patriziern und den Plebejern im Rom des 5. Jh.s, überliefert in dem Geschichtswerk *Ab urbe condita* von Livius (Liv. 3,44–48) und in den *Antiquitates Romanae* (11,28–32; dt.: *Römische Altertümer*) des Dionysios Halikarnassos (um 54 – nach 7 v. Chr.). Appius Claudius, einer der zehn machthabenden Decemvirn, ließ widerrechtlich Virginia (bzw. Verginia), die Tochter des plebejischen Soldaten Virginius (Verginius), als Sklavin einem seiner Anhänger übergeben. Nachdem Virginius vergeblich vor Gericht versucht hatte, seine Tochter freizubekommen, erstach er sie öffentlich vor der Volksversammlung, um ihre Ehre vor dem Zugriff des Appius Claudius zu retten. Als der Vater den Leichnam seiner Tochter dem Volk zeigte, kam es zum Volksaufstand gegen die Decemvirn. Die Plebejer vertrieben die Usurpatoren und stellten die Republik wieder her; Appius Claudius wurde ins Gefängnis geworfen, wo er sich selbst tötete. Moritz galt die Sage als Beispiel für höchste Tragik: »Wenn Virginius seine Tochter ermordet, um sie der Schande zu entziehen, so treffen Grausamkeit und Mitleid in einem Punkte zusammen, und bilden eben durch dies Aneinandergrenzen des Entgegengesetzten das höchste tragische Schöne« (*Reisen eines Deutschen in Italien in den Jahren 1786 bis 1788. In Briefen von Karl Philipp Moritz. 3. Teil*, in: Werke 2, S. 747).

59,31–60,7 *einem der fliehenden Momente Dauer geben ... einfache Erzählung des Vorhergehenden und Nachfolgenden:* In der Abgrenzung der Künste voneinander folgt Moritz hier den von Mendelssohn (*Über die Hauptgrundsätze der schönen Künste und Wissenschaften*) und Lessing (*Laokoon*) formulierten unterschiedlichen zeichentheoretischen Grundlagen der Bildenden Künste und der Dichtung bzw. Geschichtserzählung. Vgl. Mendelssohn: »Da der Maler und Bildhauer die Schönheiten in der Folge neben einander ausdrücken, so müssen sie den Augenblick wählen, der ihrer Absicht nach am günstigsten ist. Sie müssen die Handlung in einem einzigen Gesichtspunkte versammeln [...]. Alles muss in diesem Augenblicke gedankenreich und so voller Bedeutung seyn, dass jeder Nebenbegriff zu der verlangten Bedeutung das seine beytrage. Wenn wir ein solches Gemälde mit gespannter Aufmerksamkeit anschauen; so werden unsere Sinne auf einmal begeistert, alle Fähigkeiten unserer Seele werden plötzlich rege, und die Einbildungskraft kann aus dem Gegenwärtigen das Vergangene errathen, und das Zukünftige mit Zuverläßigkeit vorher ahnen« (M. M., *Gesammelte Schriften. Jubiläumsausgabe*, Bd. 1, bearb. von Fritz Bamberger, Stuttgart-Bad Cannstatt 1971, S. 440 f.). Lessing hielt fest: »Die Malerei kann in ihren koexistierenden Kompositionen nur einen einzigen Augenblick der Handlung nutzen, und muss daher den prägnantesten wählen, aus welchem das Vorhergehende und Folgende am begreiflichsten wird« (Lessing, 1996, S. 103).

60,14–16 *Progne … einen Blick werfen:* von Moritz erfundene bildkünstlerische Umsetzung einer an Ovid anknüpfenden Szene, worin Prokne, die Schwester der Philomele, im Beisein ihrer Schwester und angesichts ihres kleinen Sohns Itys, der seinem Vater Tereus ähnlich ist, auf den Gedanken kommt, diesen zu töten (*Metamorphosen* 6,619–623).

60,20 *Imagination:* Einbildungskraft.

62,15–63,3 *vollkommensten Bestimmtheit … unserm Blick entzieht:* von Moritz unter dem Gesichtspunkt des Isolierens ähnlich dargestellt in seinem Aufsatz *Vom Isoliren, in Rücksicht auf die schönen Künste überhaupt* (in: *Monats-Schrift der Akademie der Künste und mechanischen Wissenschaften zu Berlin*, 2. Jg., 1789, 3. Bd., 2. Stück, S. 66–69, hier S. 66 f.): »Jemehr etwas sich selber isolirt, seinen eigenen Umriß um sich her zieht und seinen Schwerpunkt in sich selber hat, desto weniger ist es zufällig, desto weniger fällt es zu etwas anderm und vermischt sich damit. – | Der Mensch scheidet sich durch die genaueste Bestimmtheit seiner Umrisse von allem, was ihn umgiebt – er unterscheidet sich von seiner nächsten Umgebung, von der Bedeckung, die er selber erst um sich herzieht. – | Das Thier isolirt sich schon nicht so sehr, seine Bedeckung ist ihm angewachsen, und läßt die Umrisse nur im Ganzen, nicht aber im Einzelnen durchschimmern. – | Der Baum isolirt sich noch weniger, ihm ist die grobe Rinde angewachsen, die von seiner innern Natur am wenigsten durchschimmern läßt. –«

62,28 *Auswuchs:* ›Auswachsen‹; hier auch gleichzeitig mit negativem Beigeschmack »dasjenige, was heraus wächset, gemeiniglich nur von solchen Dingen, welche wider den ordentlichen Lauf der Natur aus einem vegetabilischen oder thierischen Körper heraus wachsen« (Adelung 1, Sp. 670).

63,24 f. *der Wachsthum:* Im 17. und 18. Jh. wurde das Wort vor allem im Maskulinum gebraucht (vgl. Adelung 4, Sp. 1326, und DWb 27, Sp. 148).

65,27 *Spur:* vgl. das Nachwort, S. 181–183.

67,14 *Homer:* vgl. Anm. zu 51,18–24 (*Über die bildende Nachahmung des Schönen*).

69,26 *Augenbraunen:* zeitgenössisch für ›Augenbrauen‹.

71,7 f. *Winkelmanns Beschreibung vom Apollo im Belvedere:* Zu den berühmtesten antiken Skulpturen gehört die Marmorstatue des Gottes Apollo im Statuenhof des vatikanischen Palasts (Musei Vaticani, Cortile del Belvedere). Die röm. Kopie nach der griech. Bronzeplastik des Leochares aus dem 4. Jh. v. Chr. ist über zwei Meter hoch. Der dt. Altertumswissenschaftler Johann Joachim Winckelmann widmete ihr eine begeisterte Charakteristik in seiner *Geschichte der Kunst des Alterthums* (1764), die stilbildend wurde; für ihn war die Statue »das höchste Ideal der Kunst unter allen Werken des Altertums, welche der Zerstörung derselben entgangen sind« (Winckelmann, 1964, S. 309).

71,11 *dem Kunstwerke ... angeht:* Die heute falsche Verbindung des Verbs ›angehen‹ mit dem Dativ im Sinne von ›betreffen‹ ist in der Mitte des 18. Jh.s bei einigen Autoren, u. a. bei Lessing, belegt (vgl. DWb 1, Sp. 339).

71,20 *Stirn des Jupiters, Augen der Juno:* Winckelmann schrieb: »Eine Stirn des Jupiter, die mit der Göttin der Weisheit schwanger ist, und Augenbrauen, die durch ihr Winken ihren Willen erklären: Augen der Königin der Göttinnen mit Großheit gewölbt und ein Mund, welcher denjenigen bildet, der dem geliebten Branchus die Wollüste eingeflößt. Sein weiches Haar [...] scheint gesalbt mit dem Öl der Götter, und von den Grazien mit holder Pracht auf seinem Scheitel gebunden« (Winckelmann, 1964, S. 309 f.). Teile des Zitats bringt Moritz in seiner Charakteristik *Apollo in Belvedere* in seiner italienischen Reisebeschreibung (*Reisen eines Deutschen in Italien in den Jahren 1786 bis 1788. In Briefen von Karl Philipp Moritz. 3. Teil,* in: Werke 2, S. 753 f., hier S. 753). Dort heißt es danach: »Wer diese Worte lieset indem er den Apollo betrachtet, der wird viel zu sehr dadurch gestört, und auf Nebendinge geführt, als daß die reine Schönheit des Ganzen ihn noch rühren könnte. – Er muß nach dieser Beschreibung sich die Schönheiten des hohen und einfachen Kunstwerks, eine nach der andern gleichsam a u f z ä h l e n, welches eine Beleidigung des Kunstwerks ist, dessen ganze Hoheit in seiner Einfachheit besteht. | Wem daran liegt, dem Schönen zu huldigen, wird seine Rede dem Kunstwerke, das er beschreiben will, unterordnen, und mehr durch halbe Winke andeuten, als vollständig zu beschreiben suchen: denn nicht seine Beschreibung sondern der Gegenstand derselben soll bewundert, und über dem Anblick des Kunstwerks selbst soll jede Beschreibung vergessen werden« (S. 753 f.).

Jupiters: höchster röm. Gott.

Juno: höchste röm. Göttin, Gemahlin des Jupiter.

71,21 f. *Einheit der erhabnen Bildung entweihet:* Moritz schließt 1793 in seiner Reisebeschreibung *Reisen eines Deutschen in Italien* an seine ähnlich formulierte Kritik von Winckelmanns Statuenbeschreibung eine grundsätzliche Polemik gegen Winckelmanns ›unkörperlichen‹ Platonismus an: »Winkelmanns Beschreibung des Apollo in Belvedere scheint mir für ihren Gegenstand viel zu zusammengesetzt und gekünstelt. – | Der Genius der Kunst war neben ihm eingeschlummert, da er sie niederschrieb; und er dachte gewiß mehr an die Schönheit seiner Worte, als an die wirkliche Schönheit des hohen Götterideals, das er beschrieb. | Aus dieser Verstimmung kömmt der falsche Rat: ›Gehe mit deinem Geiste in das Reich unkörperlicher Schönheit, und versuche ein Schöpfer einer himmlischen Natur zu werden, um den Geist mit Schönheiten, die sich über die Natur erheben, zu erfüllen!‹ | Wer diesem Rate folgt, wird ganz des Ziels verfehlen. – Die Kunst mit ihrem Geiste soll in das Reich der körperlichen Schönheiten immer tiefer dringen, und alles Geistige bis zum Ausdruck durch den Körper führen; sie soll den Geist mit Schönheiten, die in der Natur würklich sind, erfüllen, um sich bis zum Ideal der höchsten Körperschönheit zu erheben« (*Reisen eines Deutschen in Italien in den Jahren 1786 bis 1788. In Briefen von Karl Philipp Moritz. 3. Teil,* in: Werke 2, S. 754).

73,10–74,6 *Daher wird ... Werth eines schönen Kunstwerks aus:* fast deckungsgleich von Moritz im Kapitel »Fortuna – von Guido« seiner italienischen Reisebeschreibung wiederholt (*Reisen eines Deutschen in Italien in den Jahren 1786 bis 1788. In Briefen von Karl Philipp Moritz. 3. Teil,* in: Werke 2, S. 715–717).

73,15 *Symbol:* im Sinne des 18. Jh.s Ausdruck für ein willkürliches, vereinbartes Zeichen.

73,20–26 *Das wahre Schöne ... Spielwerk:* ähnlich von Moritz in seiner *Götterlehre* (1791) formuliert: »Ein wahres Kunstwerk, eine schöne Dichtung ist etwas in sich Fertiges und Vollendetes, das um sein selbst willen da ist, und dessen Werth in ihm selber, und in dem wohlgeordneten Verhältniß seiner Theile liegt; dahingegen die bloßen Hiroglyphen oder Buchstaben an sich so ungestaltet seyn können, wie sie wollen, wenn sie nur das bezeichnen, was man sich dabei denken soll« (*Götterlehre oder mythologische Dichtungen der Alten,* Berlin 1791, S. 5).

73,23 *Hieroglyphen:* im Sinne eines abstrakten Zeichens, einer willkürlichen Verbindung von Zeichen und Sache. In Moritz' Sprachgebrauch fast gleichbedeutend mit dem Ausdruck »Symbol«.

74,7 *Borghesische Fechter:* berühmte Marmorstatue eines nackten Schwertkämpfers aus dem 1. Jh. n. Chr. von dem griech. Bildhauer Agasias aus Ephesos, Kopie eines verlorenen griech. Originals aus dem 3.–4. Jh., Anfang des 17. Jh.s entdeckt und bis 1806 in der Villa Borghese aufgestellt, danach von Napoleon in den Louvre gebracht; oft als Modell für anatomische Studien genutzt. Von Winckelmann in seiner *Geschichte des Alterthums* neben dem Apoll von Belvedere und dem Laokoon gefeiert als Muster der Plastik, als »Sammlung der Schönheiten der Natur in vollkommenen Jahren, ohne Zusatz der Einbildung« (Winckelmann, 1964, S. 310). Moritz bewunderte die Plastik; seine Reisebeschreibung berichtet in drei Anläufen davon. Er berichtet unter dem 10. November [1786], dass er die Plastik gesehen habe (*Reisen eines Deutschen in Italien in den Jahren 1786 bis 1788. In Briefen von Karl Philipp Moritz. 1. Teil,* in: Werke 2, S. 494). Unter dem 6. Oktober [1787] liefert er eine ausführlichere Beschreibung dieses Kunstwerks in der Villa Borghese: »der größte Schatz dieses Hauses [...] ist der sogenannte Borghesische Fechter, eine der vollkommensten Bildsäulen aus dem ganzen Altertum, welche zugleich mit dem Apollo in Belvedere zu Antium gefunden wurde. | Man liest den Namen des Künstlers Agasias von Ephesus daran; Winckelmann hält sie für die älteste von den antiken Bildsäulen, die jetzt in Rom sind. | Man wird nicht müde, dies Meisterwerk der griechischen Kunst zu betrachten; und so wie man um dasselbe umher geht, bieten sich immer neue Gesichtspunkte dar, woraus die Arbeit des Künstlers in einem immer noch bewundernswürdigern Lichte erscheint. | Ich sah diese Bildsäule einst mit einem Anatomiker aus Berlin, der durch die kunstreiche Oberfläche sie gleichsam bis in den innersten Körperbau durchschaute, und keinen Muskel fand, der nicht von dem tiefsten anatomischen Studium des Künstlers ze⟨u⟩gte. | Alle Muskeln sind angespannt; der eine Fuß und Arm strebt vorwärts, während der andre rückwärts flieht; es scheint als ob die Hälfte des Körpers mit eben der Gewalt zum Angreifen vorwärts gezogen wird, womit die andre fliehend dem feindlichen Angriffe ausweicht. Mut und Vorsicht, Behutsamkeit und Standhaftigkeit scheinen wechselsweise das ganze Spiel der Muskeln zu bewegen« (ebd., S. 661 f.). Und ein letztes Mal widmet der Autor dem Fechter unter dem 9. Januar 1788 ein eigenes Kapitel »Der Borghesische Fechter« im letzten Teil der Reisebeschreibung: »Er steht in seinem Verteidigungsstande fest wie ein Fels – fest wie der Stein, aus dem er gebildet ist – | Und doch spiegelt sich in jeder Muskel die von der innern wollenden Kraft beseelte leichte Beweglichkeit des Körpers nach allen Seiten zu. | Jede Muskel in dem linken Schenkel flieht zurück, während daß der ganze Oberleib sich vorwärts biegt – | Die linke Hälfte entzieht sich dem feindlichen Angriff in demselben Augenblick, wo sie ihm entgegen strebt – es ist die feste Richtung in der vorwärts gebogenen schrägen Linie, die sich zu gleicher Zeit vordrängt und zurückzieht – | Gerade so weit als der Körper nach oben zu vorwärts streben will, muß er mit dem einen Fuße nach unten zu rückwärts streben, um sich im Gleichgewicht zu erhalten – | Entgegengesetzte Bestrebungen begegnen sich hier in einem Punkte | – Der Fuß tritt vor, so wie der Arm zurückstrebt – die Verteidigung ist das erste, der Angriff ist das zweite – die Verteidigung deckt den Angriff, der sich unter ihr hervordrängt. – Es sind die mannigfaltigen Evolutionen eines Heeres, die hier in dem Muskelspiel eines einzelnen Körpers sich zusammendrängen« (ebd., S. 731).

74,20 *Vermählung der Psyche von Raphael:* Deckenfresko in der Loggia di Psiche der Villa Farnesina in Rom (1517/18), in der Raffael (1483–1520) mit seinen Schülern die antike Fabel von Amor und Psyche darstellte, die der röm. Schriftsteller Apuleius (2. Jh. n. Chr.) in seinem komischen Roman *Metamorphoses* (dt.: *Verwandlungen*), auch bekannt unter dem Titel *Der goldene Esel*, überlieferte. Psyche wird wegen ihrer Neugier von ihrem Liebhaber Amor verlassen und erst nach schweren Prüfungen wieder mit ihm vereint und zu den Göttern aufgenommen. Die Geschichte wurde neuplatonisch gedeutet als Beziehung der menschlichen Seele zur Liebe (Amor). Vgl. Moritz in seiner *Götterlehre* (*Götterlehre oder mythologische Dichtungen der Alten*, Berlin 1791, S. 397–401): »Eine der reitzendsten Dichtungen ist die vom Amor und der Psyche. – Unter der Psyche mit Schmetterlingsflügeln abgebildet, dachte man sich gleichsam ein zartes geistiges Wesen, das, aus einer gröbern Hülle sich emporschwingend, und verfeinert zu einem höhern Daseyn, zu schön für diese Erde, durch Amors Liebe selbst beglückt, zuletzt mit ihm vermählt ward, und an der Seeligkeit der himmlischen Götter Theil nahm« (S. 397 f.). – Moritz beschreibt den Bilderzklus in seiner ›Italienischen Reise‹ (*Reisen eines Deutschen in Italien in den Jahren 1786 bis 1788. In Briefen von Karl Philipp Moritz. 3. Teil*, in: Werke 2, S. 800 f.) mit Bezug auf Volkmanns Reiseführer (Volkmann, 1770, Bd. 2, S. 600–606) und fasst den Inhalt des einen Hauptgemäldes folgendermaßen zusammen: »Die Hochzeit des Amor und der Psyche wird durch ein Göttermahl gefeiert – die Grazien träufeln Balsam auf die Neuvermählten – Die Horen streuen Blumen über die Tafel aus; und die versöhnte Venus selbst führt tanzend den Chor der Musen an« (S. 801). In den 14 Gewölbekappen der Loggia ist das Motto *amor vincit omnia* durch den Beutezug der Amoretten verbildlicht, die mit den Attributen der besiegten Götter spielen.

74,22 *Amoretten:* in der röm. Mythologie kleine Liebesgötter, vorzugsweise als nackte, geflügelte Knaben dargestellt. Vgl. Moritz' Erklärung in seinem *Mythologischen Wörterbuch zum Gebrauch für Schulen* (1794): »Amoretten. Liebesgötter. Auch die Göttergestalt des Amors vervielfältigte sich in der Einbildungskraft der Alten; die Liebesgötter, welche allenthalben in den Dichtungen unter reizenden Gestalten erscheinen, sind gleichsam Funken seines Wesens; und die Dichtung ist unerschöpflich in schönen sinnbildlichen Darstellungen dieser alles besiegenden Gottheit« (Berlin 1794, S. 48 f.). – In der italienischen Reisebeschreibung hat Moritz im Kapitel »Allegorie« die Arabesken unter dem Hauptbild näher charakterisiert: »Die spielenden Allegorien sind gleichsam nur wie eine Art von erklärender Sprache – sie sind gleichsam eine Unterschrift unter das Hauptgemälde, die aber an sich selber, wenn sie auch z. B. nicht die Macht der Liebe allegorisch andeutete, doch eine Reihe sehr angenehmer Darstellungen ausmachen würde. | So spielen Amoretten in den Feldern unter den Hauptgemälden von den Ereignissen der Psyche, in der Farnesine, mit den Attributen der höhern Götter: | Mit dem Donnerkeil des Jupiter; | Mit dem Dreizack des Neptun; | Mit dem Zweizack des Pluto und dem Cerberus; | Mit den Waffen des Kriegesgottes; | Mit Köcher und Bogen des Apollo; | Mit dem Stabe des Merkur; | Mit der Flöte des Pan; | Mit Zange und Hammer des Vulkan; | Mit der Keule des Herkules« (*Reisen eines Deutschen in Italien in den Jahren 1786 bis 1788. In Briefen von Karl Philipp Moritz. 3. Teil,* in: Werke 2, S. 800).

74,31 *die Gerechtigkeit mit verbundenen Augen:* Die Gerechtigkeit (lat.: Justitia) wurde nach Vorformen in der griech.-röm. Antike seit dem 13. Jh. n. Chr. als Frauengestalt dargestellt, die in einer Hand eine Waage (= genau abwägend), in der anderen ein Schwert (= Urteil) hält (vgl. Kissel, 1984, S. 35). Etwa um das Jahr 1500 tritt in Deutschland die Figur erstmals mit verbundenen Augen (= Objektivität) auf (Kissel, 1984, S. 85); seitdem gibt es Justitia-Darstellungen mit offenen (von denen Moritz Raffaels Darstellung in den Stanzen sehen konnte) und mit verbundenen Augen. Die Augenbinde wurde stets kontrovers behandelt (vgl. Kissel, 1984, S. 82–92); auch Moritz' Mentor Moses Mendelssohn hatte die allegorische Figur der Gerechtigkeit in seiner Schrift *Über die Hauptgrundsätze der schönen Künste und Wissenschaften* wegen ihrer Willkürlichkeit kritisiert: »Man könnte z. B. die bekannte allegorische Vorstellung der Gerechtigkeit, welche sonst sinnlich genug ist, gerade umgekehrt erklären. Man könnte sagen: ›Es ist die Ungerechtigkeit. Sie hat die Augen für die Gesetze verbunden, wägt mit einer Schale die Geschenke ab, und schlägt mit dem Schwerd auf alle, die ihr die Binde abreißen wollen.‹« (M. M., *Gesammelte Schriften. Jubiläumsausgabe*, Bd. 1, bearb. von Fritz Bamberger, Stuttgart-Bad Cannstatt 1971, S. 182). Vgl. D'Aprile (2006), S. 95 f.

75,4–16 *In der allegorischen Darstellung der Gerechtigkeit … todte Masse da:* Noch schärfer von Moritz im Kapitel »Fortuna – von Guido« seiner italienischen Reisebeschreibung wiederholt (*Reisen eines Deutschen in Italien in den Jahren 1786 bis 1788. In Briefen von Karl Philipp Moritz. 3. Teil*, in: Werke 2, S. 715–717).

75,17 *Bachantin schwingt den Thyrsusstab:* Bacchantinnen wurden die von Raserei ergriffenen Frauen im Gefolge des griech.-röm. Weingottes Dionysos bzw. Bacchus genannt (nach dem Beinamen Bakchos des Dionysos); sie schwangen bei den Bacchanalien, den orgiastischen Feiern des Dionysos, als Kultzeichen einen mit Efeu und Weinlaub umwundenen Stab (Thyrsosstab), der an der Spitze oft einen Pinienzapfen trug. Für Moritz machte »die Wildheit, das Taumeln, das Schwingen des Thyrsusstabes, die Ausgelassenheit, der Muthwille […] das Schöne bei diesen frohen Wesen aus« (*Götterlehre oder mythologische Dichtungen der Alten*, Berlin 1791, S. 176). Vgl. ebd., S. 172, die Deutung des Stabs: »Der drohende Thyrsusstab in ihrer Hand, an dem die farbigten Bänder wehten, während daß unter dem Fichtenapfel sich oben die verwundende Spitze barg, bezeichnete den schönen Feldzug, wo das Furchtbare und Kriegerische, unter Gesang und Flötenspiel verborgen lauschte.«

75,17 f. *Herkules … Keule:* griech. Herakles; antiker Halbgott und Sagenheld, Sohn des Zeus und der Alkmene, Verkörperung von Kraft und Tapferkeit; wurde als Typus mit den Hauptattributen Löwenfell und Keule dargestellt.

75,18 *Diana:* Die röm. Göttin der Jagd (sowie des Mondes und der Fruchtbarkeit) wurde typisch mit ihrem Attribut Bogen dargestellt. Vgl. Moritz' *Götterlehre oder mythologische Dichtungen der Alten*, Berlin 1791, S. 60 und 135–139.

75,27–76,13 *Die Fortuna von Guido ... Luftgestalt:* Thematisch ähnlich, aber ausführlicher hat Moritz dieses »herrliche Gemälde« 1793 im Kapitel »Aurora von Guido« seiner *Reisen eines Deutschen in Italien* charakterisiert: »Die Aurora von Guido im Pallast Ruspigliosi, wo die tanzenden Stunden vor dem Wagen der Göttin den Lauf des Tages eröffnen, ist eines der reizendsten Gemälde, wo nur durch die Mühsamkeit des Betrachtens, so wie bei allen Deckengemälden, das Angenehme des Eindruckes zum Teil verhindert wird. | Am bequemsten macht man sich die Ansicht, wenn man sich ausgestreckt auf eine der Bänke legt, die unten in der Halle stehen. Der Anblick scheint in dieser Lage natürlicher, und die Wahl des Platzes für das Gemälde zweckmäßiger zu sein, als wenn man es stehend, mit zurückgebogenem Halse, betrachten muß. | Man würde dies herrliche Gemälde gewiß unter seinem Werte schätzen; wenn man in der schönen und bedeutenden Allegorie auf die Morgenröte seine vorzügliche Schönheit suchen wollte. | Das Allegorische ist hier gewiß sehr untergeordnet, und der Künstler hatte nicht sowohl den Zweck, durch sein Gemälde die Idee von der Morgenröte zu erwecken, als vielmehr die Idee von der Morgenröte ihm die Veranlassung zu der Zusammensetzung einer so schönen Gruppe gab, welche immer gefallen würde, wenn sie auch gar keine allegorische Bedeutung hätte« (3. *Teil*, in: Werke 2, S. 715).

75,27 *Fortuna von Guido:* Fortuna: röm. Göttin des Schicksals bzw. Zufalls. Um 1636 entstandenes berühmtes Ölgemälde des italienischen Barockmalers Guido Reni (1575–1642), das eine nackte Frau über einer Kugel schwebend zeigt, die ein Amoretto an den wehenden Haaren festhält; auf der Fingerspitze dreht sie eine Krone. In einer wohl früheren Fassung hält sie eine Geldbörse in der Hand (Pepper, 1984, Nr. 166 A und 166 B, S. 276 f.). Moritz hat offenbar die Ausführung mit der Krone, für die Reni die von einem seiner Schüler hergestellte Kopie seiner früheren Version mit der Geldbörse verwendet hat, in der Bildersammlung des Kapitols gesehen, wie sie Volkmann (1770, Bd. 2, S. 505) beschrieben hat. Heute wird das Gemälde in der Galleria dell'Accademia Nazionale di San Luca in Rom aufbewahrt. Das Bild ist in Moritz' Reisebeschreibung unter dem 20. November [1787] erwähnt (*Reisen eines Deutschen in Italien in den Jahren 1786 bis 1788. In Briefen von Karl Philipp Moritz. 3. Teil*, in: Werke 2, S. 715–717). Ramdohr wertete es als schönstes Bild der Sammlung: »Sie fliegt um den Erdball herum, und Amor sucht sie bei den Haaren und dem Schleier festzuhalten. Der Gedanke ist vortrefflich, nur Schade, daß der Mahler die Hälfte ihrer Beine hinter die Weltkugel versteckt hat, denn dadurch sehen sie wie in der Mitte abgeschnitten aus« (Ramdohr, 1787, S. 267). – Die allegorischen Requisiten der Fortuna hat Ramler 1788 zusammengefasst: »Das Glück [...] ist geflügelt, tritt mit dem Fuß auf eine Kugel, und trägt ein Füllhorn im Arm. Die Kugel bedeutet, nach einiger Ausleger Meinung, die Welt, über die das Glück herrscht; nach der Auslegung der meisten aber die Unbeständigkeit des Glücks« (»Allegorische Personen«, in: *Monats-Schrift der Akademie der Künste und mechanischen Wissenschaften zu Berlin*, hrsg. von J. A. Riem, 1. Jg. 1788 (März), 3. Stück, S. 107 f.).

76,14 *Aurora von Guido:* Aurora: röm. Göttin der Morgenröte. Berühmtes Deckengemälde von Guido Reni, 1614 entstanden, im damaligen Palazzo Rospigliosi, einem Casino des Palastes von Kardinal Scipione Borghese in Rom; heute: Palazzo Pallavicini-Rospigliosi, Casino dell'Aurora (Pepper, 1984, Nr. 40, S. 228). Moritz hat es laut seiner Reisebeschreibung am 20. November [1787] besichtigt (*Reisen eines Deutschen in Italien in den Jahren 1786 bis 1788. In Briefen von Karl Philipp Moritz. 3. Teil*, in: Werke 2, S. 715). Das Werk zeigt Apollos Sonnenwagen, umringt von tanzenden Frauengestalten (= die Horen); ihm schwebt die Morgenröte als weibliche Gestalt voraus und streut Rosen auf die Erde. Sie wird begleitet von einem Amoretto mit Leuchtfackel, der Phosphorus, den Morgenstern, darstellen soll. Renis Fresko, das auch durch Kupferstiche verbreitet wurde, war das beliebteste Werk des Malers im 18. Jh.; es wird in dem Reiseführer von Volkmann, den Moritz benutzte, als »herrlich« gerühmt (Volkmann, 1770, Bd. 2, S. 219).

76,14–77,6 *Eben so wenig … stören. – –*: vgl. Moritz' ähnliche Ausführungen über das Bild im Kapitel »Fortuna – von Guido« seiner *Reisen eines Deutschen in Italien* (3. *Teil*, in: Werke 2, S. 715 f.): »Diese Fortuna mit dem fliegenden Haar, und den Spitzen der Zehen kaum die rollende Kugel berührend, ist an sich eine schöne malerische Figur, nicht, weil das Glück dadurch treffend bezeichnet und allegorisch dargestellt wird; denn diese Allegorie ist in malerischer Rücksicht gewiß nicht die Hauptsache. | Sondern weil diese Figur Harmonie und Übereinstimmung in sich selbst hat. Das fliegende Haar, die rollende Kugel, der aufgehobene Fuß – alles dieses stimmt zu dem Eindruck des Ganzen überein, und diese Figur würde immer ihrer malerischen Stellung wegen gefallen, wenn man sich auch gar keine Allegorie dabei dächte.«

Literaturhinweise

1. Abgekürzt zitierte Literatur

Adelung	Johann Christoph Adelung: Grammatisch-kritisches Wörterbuch der Hochdeutschen Mundart. [Siehe unten: Wörterbücher.]
DWb	Deutsches Wörterbuch von Jacob und Wilhelm Grimm. [Siehe unten: Wörterbücher.]
KMA	[Kritische Moritz-Ausgabe.] Karl Philipp Moritz: Sämtliche Werke. Kritische und kommentierte Ausgabe. [Siehe unten: Ausgaben]
WA	Goethes Werke. Hrsg. im Auftrag der Großherzogin Sophie von Sachsen. [Sophien-Ausgabe.] 143 Bde. in 4 Abt. [I–IV]. Weimar: Böhlau, 1887–1912.
Werke 1 und 2	Karl Philipp Moritz: Werke in zwei Bänden. [Siehe unten: Ausgaben]

2. Ausgaben

Karl Philipp Moritz: Über die bildende Nachahmung des Schönen. Hrsg. von Sigmund Auerbach. Stuttgart: Göschen, 1888. (Deutsche Litteraturdenkmale des 18. und 19. Jahrhunderts in Neudrucken. Hrsg von Bernhard Seuffert. Bd. 31.)

Karl Philipp Moritz: Schriften zur Ästhetik und Poetik. Kritische Ausgabe. Hrsg. von Hans Joachim Schrimpf. Tübingen: Niemeyer, 1962. (Neudrucke deutscher Literaturwerke. N. F. 7.)

Karl Philipp Moritz: Beiträge zur Ästhetik. Hrsg. und komm. von Hans Joachim Schrimpf und Hans Adler. Mainz: Dieterich, 1989. (excerpta classica. 3.)

Karl Philipp Moritz: Werke in zwei Bänden. Hrsg. von Heide Hollmer und Albert Meier. Bd. 1: Dichtungen und Schriften zur Erfahrungsseelenkunde. Frankfurt a. M.: Deutscher Klassiker Verlag, 1999. (Bibliothek deutscher Klassiker. 159.) [Zit. als: Werke 1.] – Bd. 2: Popularphilosophie, Reisen, Ästhetische Theorie. Ebd. 1997. (Bibliothek deutscher Klassiker. 145.) [Zit. als: Werke 2.]

Karl Philipp Moritz: Sämtliche Werke. Kritische und kommentierte Ausgabe. Hrsg. von Anneliese Klingenberg, Albert Meier, Conrad Wiedemann und Christof Wingertszahn. Tübingen: Niemeyer; Berlin: De Gruyter, 2005 ff.

Karl Philipp Moritz: Die Signatur des Schönen und andere Schriften zur Begründung der Autonomieästhetik. Hrsg. von Stefan Ripplinger. Hamburg: Philo Fine Arts, 2009. (Fundus. 180.)

3. Wörterbücher

Adelung, Johann Christoph: Grammatisch-kritisches Wörterbuch der Hochdeutschen Mundart, mit beständiger Vergleichung der übrigen Mundarten, besonders aber des Oberdeutschen. 4 Tle. 2., verm. und verb. Ausg. Tl. 1: A–E. Leipzig 1793. – Tl. 2: F–L. Ebd. 1796. – Tl. 3: M–Scr. Ebd. 1798. – Tl. 4: Seb–Z. Ebd. 1801. [Zit. als: Adelung.]

Grimm, Jacob / Grimm, Wilhelm: Deutsches Wörterbuch. 33 Bde. München 1991. [Repr. Nachdr. der Erstausg. 32 Bde. Leipzig 1854 –1961. – Bd. 33: Quellenverzeichnis. Berlin 1971.] [Zit. als: DWb.]

4. Forschungsliteratur

Aebi Fahramand, Adrian: Die Sprache und das Schöne. Karl Philipp Moritz' Sprachreflexionen in Verbindung mit seiner Ästhetik. Berlin 2012.

Badstübner-Gröger, Sibylle: Karl Wilhelm Ramler und die Königliche Akademie der Künste und mechanischen Wissenschaften. Zur Bedeutung von Ramlers Schrift »Allegorische Personen zum Gebrauch der Bildenden Künstler« für die damals zeitgenössische Kunst in Berlin. In: Urbanität als Aufklärung. Karl Wilhelm Ramler und die Kultur des 18. Jahrhunderts. Hrsg. im Auftrag des

Gleimhauses von Laurenz Lütteken, Ute Pott und Carsten Zelle. Göttingen 2003. S. 275–307.

Bezold, Raimund: Popularphilosophie und Erfahrungsseelenkunde im Werk von Karl Philipp Moritz. Würzburg 1984.

Braungart, Georg: ›Intransitive Zeichen‹. »Die Signatur des Schönen« im menschlichen Körper bei Karl Philipp Moritz. In: Rhetorik. Ein internationales Jahrbuch 13 (1994) S. 3–16.

Cech, Oliver: Das elende Selbst und das schöne Sein. Autonomie des Individuums und seiner Kunst bei Karl Philipp Moritz. Freiburg i. Br. 2001.

Costazza, Alessandro: Karl Philipp Moritz und die tragische Kunst. In: Karl Philipp Moritz und das 18. Jahrhundert: Bestandsaufnahmen – Korrekturen – Neuansätze. Internationale Fachtagung vom 23.–25. September 1993 in Berlin. Hrsg. von Martin Fontius und Anneliese Klingenberg. Tübingen 1995. S. 145–176.

– Die anti-psychologische Ästhetik eines führenden Psychologen des 18. Jahrhunderts. In: Moritz zu ehren. Beiträge zum Eutiner Symposium im Juni 1993. Hrsg. von Wolfgang Griep. Eutin 1996. S. 9–30. [Zit. als: Costazza, 1996a]

– Schönheit und Nützlichkeit. Karl Philipp Moritz und die Ästhetik des 18. Jahrhunderts. Bern / Berlin / Frankfurt a. M. 1996. [Zit. als: Costazza, 1996b]

D'Aprile, Iwan-Michelangelo: Die schöne Republik. Ästhetische Moderne in Berlin im ausgehenden 18. Jahrhundert. Tübingen 2006.

Dessoir, Max: Karl Philipp Moritz als Aesthetiker. Naumburg 1889.

Dörr, Volker C.: Reminiscenzien. Goethe und Karl Philipp Moritz in intertextuellen Lektüren. Würzburg 1999.

Eybisch, Hugo: Anton Reiser. Untersuchungen zur Lebensgeschichte von K. Ph. Moritz und zur Kritik seiner Autobiographie. Leipzig 1909.

Gawoll, Hans-Jürgen: Spur. Gedächtnis und Andersheit. Tl. 1: Geschichte des Aufbewahrens. In: Archiv für Begriffsgeschichte 30 (1986/87) S. 44–69.

– Spur. Gedächtnis und Andersheit. Tl. 2: Das Sein und die Differenzen – Heidegger, Levinas und Derrida. In: Archiv für Begriffsgeschichte 32 (1989) S. 269–296.

Herder, Johann Gottfried: Schriften zu Philosophie, Literatur, Kunst und Altertum 1774–1787. Hrsg. von Jürgen Brummack und Martin Bollacher. Frankfurt a. M. 1994.

Kissel, Otto Rudolf: Die Justitia. Reflexionen über ein Symbol und seine Darstellung in der bildenden Kunst. München 1984.

Klingenberg, Anneliese: Editionsprobleme des Moritzschen Gesamtwerks: Grammatiken, Übersetzungen, Journalistisches, Amtliches. In: Karl Philipp Moritz und das 18. Jahrhundert. Bestandsaufnahmen – Korrekturen – Neuansätze. Internationale Fachtagung vom 23.–25. September 1993 in Berlin. Hrsg. von Martin Fontius und Anneliese Klingenberg. Tübingen 1995. S. 31–46.

– Karl Philipp Moritz als Mitglied der Berliner Akademien. In: Moritz zu ehren. Beiträge zum Eutiner Symposium im Juni 1993. Hrsg. von Wolfgang Griep. Eutin 1996. S. 135–158.

Krüger-Fürhoff, Irmela Marei: »Die abgelöste Zunge sprach durch das redende Gewebe«. Kunstautonomie, Gewalt und der Ursprung der Dichtung in Karl Philipp Moritz' »Die Signatur des Schönen oder In wie fern Kunstwerke beschrieben werden können?«. In: Das Denken der Sprache und die Performanz des Literarischen um 1800. Hrsg. von Stephan Jäger und Stefan Willer. Würzburg 2000. S. 95–112.

Lessing, Gotthold Ephraim: Werke. Bd. 6: Kunsttheoretische und kunsthistorische Schriften. Hrsg. von Albert von Schirnding. Darmstadt 1996.

Meier, Albert: Karl Philipp Moritz. Stuttgart 2000. (Reclams Universal-Bibliothek. 17620.)

Menz, Egon: Die Schrift Karl Philipp Moritzens »Über die bildende Nachahmung des Schönen«. Göppingen 1968.

Minder, Robert: Glaube, Skepsis und Rationalismus. Dargestellt aufgrund der autobiographischen Schriften von Karl Philipp Moritz. Frankfurt a. M. 1974.

Osterkamp, Ernst: Im Buchstabenbilde. Studien zum Verfahren Goethescher Bildbeschreibungen. Stuttgart 1991.

Pepper, D. Stephen: Guido Reni. A Complete Catalogue of His Work with an Introductory Text. Oxford 1984.

Pfotenhauer, Helmut: »Die Signatur des Schönen« oder »In wie fern

Kunstwerke beschrieben werden können?«. Zu Karl Philipp Moritz und seiner italienischen Ästhetik. In: Kunstliteratur als Italienerfahrung. Hrsg. von H. Pf. Tübingen 1991. S. 67–83.

– Winckelmann-Kritik als Ursprung einer Autonomie-Ästhetik: Karl Philipp Moritz. In: Winckelmann. Hrsg. von Elisabeth Décultot und Friedrich Vollhardt. Hamburg 2015. S. 55–74.

Ramdohr, Friedrich Basilius von: Über Mahlerei und Bildhauerarbeit in Rom für Liebhaber des Schönen in der Kunst. Tl. 1. Leipzig 1787. [3 Tle.]

Saine, Thomas P.: Die ästhetische Theodizee. Karl Philipp Moritz und die Philosophie des 18. Jahrhunderts. München 1971.

Schadewaldt, Wolfgang: Der Schild des Achilleus. In: Homer. Die Dichtung und ihre Deutung. Hrsg. von Joachim Latacz. Darmstadt 1991. [Erstdr. 1938.] S. 173–199. (Wege der Forschung. 634.)

Schneider, Sabine M.: Die schwierige Sprache des Schönen. Moritz' und Schillers Semiotik der Sinnlichkeit. Würzburg 1998.

Sedlarz, Claudia: Bildende Nachahmung. Karl Philipp Moritz' Auseinandersetzung mit der Historienmalerei. In: Karl Philipp Moritz in Berlin 1789–1793. Hrsg. von Ute Tintemann und Christof Wingertszahn. Hannover 2005. S. 75–100.

Stähler, Klaus: Prokne. Eine Mythosgestalt in Drama und Skulptur klassischer Zeit. In: Skenika. Beiträge zum antiken Theater und seiner Rezeption. Festschrift zum 65. Geburtstag von Horst-Dieter Blume. Hrsg. von Susanne Gödde und Theodor Heinze. Darmstadt 2000. S. 175–188.

Szondi, Peter: Poetik und Geschichtsphilosophie I. Studienausgabe der Vorlesungen. Bd. 2. Frankfurt a. M. 1974. S. 82–98.

Tomishige, Yoshio: Spur und Zeit. »In wie fern Kunstwerke beschrieben werden können« von Karl Philipp Moritz. In: Karl Philipp Moritz in Berlin 1789–1793. Hrsg. von Ute Tintemann und Christof Wingertszahn. Hannover 2005. S. 119–126.

Touloupa, Evi: Prokne et Philomela. In: Lexicon ikonographicum mythologiae classicae (LIMC). Zürich/München 1994. Bd. VII/1. S. 527–529. Bd. VII/2. S. 418–420.

Volkmann, Johann Jacob: Historisch-kritische Nachrichten von Italien, welche eine genaue Beschreibung dieses Landes, der Sitten und Gebräuche, der Regierungsform, Handlung, Ökonomie, des Zustandes der Wissenschaften, und insonderheit der Werke der Kunst nebst einer Beurtheilung derselben enthalten. Aus den neuesten französischen und englischen Reisebeschreibungen und aus eignen Anmerkungen zusammengetragen. 3 Bde. Leipzig 1770.

Winckelmann, Johann Joachim: Kleine Schriften und Briefe. Auswahl, Einführung und Anmerkungen von Wilhelm Senff. Weimar 1960.

– Geschichte der Kunst des Altertums. Vollständige Ausgabe. Hrsg. von Wilhelm Senff. Weimar 1964.

Wingertszahn, Christof: »zu einer vorläufigen Ankündigung ist es immer genug«. Unbekannte Mitteilungen von Karl Philipp Moritz an seinen Verleger Johann Friedrich Vieweg. In: Berliner Aufklärung. Kulturwissenschaftliche Studien 1 (1999) S. 220–230.

Nachwort

1. Einleitung

»Über die schönen Wissenschaften muß entweder etwas sehr gutes, oder gar nichts geschrieben werden, weil eine Ästetik nur sehr wenigen Zusammenhang mit dem gewöhnlichen menschlichen Leben hat«, schrieb Moritz 1785 in einer kaum bekannten Zeitungskritik.[1] Für die philosophische Ästhetik gilt dieser Abstand vom Alltag noch heute (für die praktische weniger, denn Design und Schönheitskult sind aus dem modernen Leben nicht mehr wegzudenken). Als Moritz in der brodelnden Großstadt Berlin für die Kunsttheorie Qualität forderte, waren ihm offenbar die Erfordernisse des Alltags bewusst – in diesem Sinn wirkte er insgesamt als Redakteur der *Vossischen Zeitung*, worin seine Rezension erschienen war. Wenige Monate vor dieser Kritik aber hatte Moritz selbst seinen ersten Beitrag zur Ästhetik verfasst, der tatsächlich etwas Besonderes auf dem Gebiet der Kunstreflexion leistete und diesen Anspruch schon durch seinen gravitätischen Titel untermauerte: *Versuch einer Vereinigung aller schönen Künste und Wissenschaften unter dem Begriff des in sich selbst Vollendeten*.

Erstmals in der Geschichte der Ästhetik, noch vor Kant[2]

1 Anonyme Rezension von Johann Christoph Königs Schrift *Philosophie der schönen Künste* (Nürnberg: Felsecker, 1784), in: *Königlich privilegirte Berlinische Zeitung von Staats- und gelehrten Sachen* [*Vossische Zeitung*], 26. April 1785, Nr. 50, S. 3 f., hier S. 3.

2 Immanuel Kant formulierte in seiner 1790 erschienenen *Critik der Urtheilskraft* die berühmte Definition des Kunstwerks als »Zweck-

und Schiller, hat Karl Philipp Moritz darin behauptet, dass das Wesen der Kunst nicht einfach darin bestehe, zu belehren oder zu vergnügen, sondern dass sie einen eigengesetzlichen Bereich bilde, der nicht auf Nützlichkeit in irgendeiner Beziehung ziele. Er hat damit, so Peter Szondi in einer der ersten wegweisenden Würdigungen von Moritz' Verdienst als Ästhetiker, die Kunst aus den Fesseln der Moral und der Psychologie befreit.[3] Der Grundsatz der sogenannten Autonomieästhetik lautet: dass das Schöne ein »in sich selbst vollendetes« Ganze sei. Die Idee verfolgte Moritz weiter und veröffentlichte 1788 die größere Programmschrift *Über die bildende Nachahmung des Schönen*, die Goethe und Schiller anregte und ein Fundament der Weimarer Klassik wurde. Sie animierte Schiller zu einer Standortbestimmung von Kunst, die dem anfangs zitierten Ausspruch von Moritz geradezu entgegengesetzt zu sein scheint: Hingerissen von Moritz' Schrift, schrieb der Verfasser der *Briefe zur ästhetischen Erziehung des Menschen* an zwei Freundinnen, die *Bildende Nachahmung* enthalte »unendlich viel […], das in die wichtigsten Angelegenheiten des menschlichen Daseyns eingreift«.[4] Zugegebene Ab-

mäßigkeit ohne Zweck« (§ 10 und § 15). Eine Kommunikation über Ästhetik zwischen dem Philosophen und dem Pädagogen Moritz ist nicht überliefert. Moritz versuchte erfolglos am 4. Oktober 1783, Kant zu einem Beitrag für seine Psychologiezeitschrift *ΓΝΩΘΙ ΣΑΥΤΟΝ oder Magazin zur Erfahrungsseelenkunde als ein Lesebuch für Gelehrte und Ungelehrte* (1783–93) zu bewegen. Vgl. Moritz' Brief in: Eybisch (1909), S. 194.

3 Szondi (1974).

4 Friedrich Schiller an Caroline von Beulwitz und Charlotte von Lengefeld, 12. Februar 1789, in: *Schillers Werke. Nationalausgabe*,

gehobenheit auf der einen Seite und ein Regulativ für das Leben überhaupt auf der anderen – wie geht dies zusammen? In der Spannweite des Konzepts ist die Doppelgesichtigkeit dieser Autonomieästhetik beschrieben und gleichzeitig angedeutet, wie hochspekulativ ihre Aufnahme in der Klassik angesetzt war: Kunst kommt hier ein Rang zu, der sie bewusst dem gewöhnlichen Leben als etwas Höheres entzieht. Das Problematische daran mag Moritz noch kurz vor seinem Tode beschäftigt haben, denn in einem späten Aufsatz setzt er sich von dem großen Anspruch seiner vorher entwickelten Schönheitslehre ab: »Die Liebe zum Schönen muß nie Liebhaberey, nie unbegrenzte Leidenschaft werden, sonst erniedrigt sie unser Wesen, statt es zu erhöhen.«[5] Schönheit kommt nicht ohne Tätigkeitsimperativ aus: »Durch die Betrachtung des Schönen müssen wir uns zu der Betrachtung des Nützlichen wieder zu beleben suchen.«[6] Damit ist der Weg vom Nützlichen zum Schönen wieder ›zurückgebeugt‹ zur Lebenspraxis, um einen Moritz'schen Lieblingsausdruck zu benutzen.

Moritz hat sich auch erst als Denker des gewöhnlichen Lebens hervorgetan, ehe er sich dem scheinbar abseitigen Gebiet des Schönen zuwandte. Er kam zur Ästhetik über Umwege. Als er, noch nicht 37 Jahre alt, am 26. Juni 1793 an einem Lungengeschwür starb, vermerkte die *Erlangische gelehrte Zeitung* knapp: »Durch seltene Fähigkeiten des

Bd. 25: *Briefwechsel. Schillers Briefe. 1.1.1788–28.2.1790*, hrsg. von Eberhard Haufe, Weimar 1979, S. 203.

5 Karl Philipp Moritz, *Milton über Weißheit und Schönheit*, in: *Deutsche Monatsschrift*, Bd. 2, 1793, S. 244–247, hier S. 244.

6 Ebd.

Geistes hatte er sich aus niederem Stande und aus unglücklichen Lagen empor gearbeitet, sich aber dadurch auch das Leben verkürzt.«[7]

Der unglückliche Moritz, den man oft mit seinem unglückseligen Romangeschöpf Anton Reiser gleichgesetzt hat, ist heute zum neuen (Berliner) Klassiker geworden, anders als in den 1970er Jahren, als er dem vermeintlich konservativen Weimarer Goethe als Genie ›von unten‹ entgegengehalten wurde. 1756 in Hameln geboren, aus ärmlichen Verhältnissen stammend, mit dem unbedingten Willen, sich zu bilden und aufzusteigen, erkämpfte er sich seine Ausbildung, teils gegen den Widerstand des sektiererischen Vaters, teils mit Hilfe der im 18. Jahrhundert durchaus auch schon gegebenen Fördermöglichkeiten für begabte Kinder. Er schuf den psychologischen Roman *Anton Reiser*, arbeitete zunächst als Lehrer im aufgeklärten Berlin, flüchtete aus dem Schuldienst, ging nach Italien und kam zurück mit neuen Einsichten, die er nutzbringend umzusetzen versuchte.

Bevor sein erster Aufsatz über Ästhetik erschien, war Moritz vor allem bekannt als Sprachwissenschaftler, Volksaufklärer und Psychologe, der mit dem ab 1783 erscheinenden *Magazin zur Erfahrungsseelenkunde* den seelischen Fehlentwicklungen vor allem der benachteiligten und wenig sprachmündigen unteren Schichten nachspürte. Seine ersten Bücher zielten ganz aufklärerisch darauf, den Benachteiligten die Grundsätze richtigen Formulierens, den korrekten Kasusgebrauch und den Ausdruck in wohlgeformten und sachdienlichen Briefen zu vermitteln. Seine

7 *Erlangische gelehrte Zeitung*, 56. Stück (12. Juli 1793), S. 442.

Schüler unterrichtete er in der Religion und in der schönen Dichtung.

Angesichts dieses persönlichen Profils und vor dem Hintergrund des zeitgeschichtlichen Panoramas des Berlins der Spätaufklärung erscheint Moritz' Beschäftigung mit der Ästhetik ungewöhnlich. Festzuhalten ist jedenfalls, dass er nicht als Ästhetiker begann, sondern als Lehrer; zeitlebens ist Moritz in seinen offiziellen Ämtern immer Pädagoge geblieben. Seine ersten Arbeiten, Gedichte, erscheinen 1778; es folgen empirische Untersuchungen über Dialekte, Rechtschreibung und dann die *Deutsche Sprachlehre*,[8] welche die Grundlage für alle seine linguistischen Studien bis an sein Lebensende bilden sollte. Die Sprachlehre entwickelt die Idee eines Strukturganzen der Sprache, die man ähnlich in den späteren Überlegungen zum Zusammenhang des Schönen wiederfinden kann. Es gibt jedoch keinerlei erhaltene frühe theoretische Versuche des Autors über ästhetische Fragestellungen: was ist das Schöne, wie nimmt der Betrachter Schönes wahr, wie gestaltet der Kunstschaffende? Aus Moritz' berühmtem »psychologischem Roman« *Anton Reiser*, der in dieser Hinsicht authentisch zu sein scheint, wissen wir aber über die große Wirkung, die Theaterstücke und literarische Werke auf den Verfasser ausübten: sie entziehen in eine eigene Welt, rufen Rührung hervor. Der Erfahrungsseelenkundler Moritz behandelte zwar von 1783 bis 1793 in zehn Bänden psychologische Erfahrungen, aber darin fehlt vollkommen die Analyse ästhetischer Empfindun-

8 Karl Philipp Moritz, *Deutsche Sprachlehre für die Damen. In Briefen*, Berlin 1782.

gen; nur wenige Male wird ein übermäßiger Enthusiasmus für Kunst Gegenstand einer Analyse wie die Theatersucht des jungen Paulmann.[9] Erstaunlich, dass also das Gebiet des Schönen aus jeder Analyse von Empfindungen für das Schöne ausgelassen wird. Es scheint fast, als sei Moritz dieses Gebiet so wichtig für die eigene Regeneration, dass er es vermeidet, diesen Bezirk der Phantasie durch aufgeklärte Untersuchungen über die egoistischen, ›eigennützigen‹ Grundlagen der eigenen Seelentätigkeit aufzuhellen. Wo er das Schöne erwähnt im *Anton Reiser*, ist es aber Sprachkunst und nur am Rande die Musik: die Bildende Kunst taucht nicht auf. Dafür aber die Schönheit der Natur, die in nicht wenigen Schilderungen begeistert evoziert wird.

2. *Versuch einer Vereinigung aller schönen Künste und Wissenschaften unter dem Begriff des in sich selbst Vollendeten*

Moritz' erster Aufsatz zur Ästhetik erschien im März 1785 aus heiterem Himmel in der wichtigsten Berliner Zeitschrift, die sich bewusst aufklärerischer und gesellschaftlich nützlicher Tätigkeit verschrieben hatte: der *Berlinischen Monatsschrift*. Öffentlich zu Wort gemeldet hat sich daraufhin niemand; erst 1790 ging der Ästhetiker Heidenreich von kantianischer Warte auf den Aufsatz ein.[10] Dabei

9 Vgl. »Ein unglücklicher Hang zum Theater«, in: *ΓΝΩΘΙ ΣΑΥΤΟΝ oder Magazin zur Erfahrungsseelenkunde*, hrsg. von Karl Philipp Moritz, Bd. 3, 1. Stück (1785), S. 117–125.

10 Karl Heinrich Heydenreich, *System der Aesthetik*, Bd. 1, Leipzig

waren die Gedanken des Textes für die Berliner Spätaufklärung provokant, weil der Verfasser die Kunst nicht als Mittel der Belehrung und der sittlichen Vervollkommnung, sondern in ihrer Eigengesetzlichkeit betrachtete. Die weitere Diskussion dieser Überlegungen ist vielleicht durch Moritz' Aufbruch nach Italien 1786 unmöglich gemacht worden; in Italien schrieb er dann den noch kühneren Text *Über die bildende Nachahmung des Schönen*, der durch weimarische Protektion und Stellungnahmen des Braunschweiger Verlegers die öffentliche Aufmerksamkeit gebündelt auf sich zog.

Der kleine Aufsatz von 1785 enthält Moritz' Kerngedanken zur Ästhetik; er reflektiert über das Wesen des Schönen, seine Erschaffung durch den Künstler und seine angemessene Betrachtung durch den Rezipienten. Mit dem Anspruch, ein einheitliches Prinzip als Grundlage aller Künste zu finden, reiht sich Moritz ein in die lange Reihe der Ästhetiker des 18. Jahrhunderts. Sein Aufsatz bezieht sich entgegen der wissenschaftlichen Tradition nicht namentlich auf einzelne Positionen, spielt aber schon im Titel auf das in Deutschland besonders einflussreiche Werk des rationalistischen französischen Ästhetikers Charles Batteux (1713–1780) an. Batteux hatte 1746 in seiner Schrift *Les beaux-arts réduits à un même principe* die ›nützlichen‹ mechanischen Künste – also Handwerk und Technik – unterschieden von den ›angenehmen‹ schönen Künsten. Das gemeinsame Prinzip, dem alle schönen Künste gehorchten, sei das der »Nachahmung« der Natur. Die Nachah-

1790, S. 137–145. In den Ästhetiken des frühen 19. Jh.s wird Moritz' Aufsatz gelegentlich noch zitiert.

mung – *mimesis* – beherrscht seit Aristoteles' Poetik die abendländische Reflexion über das Wesen der Kunst; Batteux meinte damit die vernunftgeleitete Darstellung eines Ausschnitts aus der Wirklichkeit. Von Nachahmung der Natur als Eigenschaft der Kunst ist bei Moritz aber keinerlei Rede; ihn interessiert nicht das Verhältnis schöner Kunstwerke zu einer vorgängigen Außenwelt, sondern allein ihre innere Struktur. Schon mit dem Titel seines Aufsatzes scheint Moritz bewusst gegen das von Batteux und seinen Nachfolgern angewandte Verfahren der begrifflichen Reduktion anzuschreiben; er wählt dagegen die synthetische Überschrift der »Vereinigung«: man mag darin den Versuch ausgedrückt sehen, Erkenntnis nicht durch Anatomieren, sondern durch ›liebende‹ Vereinigungsphilosophie zu gewinnen. Vielleicht spielte bei dem Linguisten Moritz dabei die Erinnerung an ein Werk des österreichischen Sprachforschers Johann Sigmund Popowitsch (1705–1774) mit, in dem dieser den *Versuch einer Vereinigung der Mundarten von Teutschland als eine Einleitung zu einem vollständigen Wörterbuche* (Wien 1780) unternommen hatte.

Moritz' Aufsatz setzt sich nicht direkt mit Batteux, sondern mit dessen Gegnern auseinander: der aufklärerischen Wirkungsästhetik, die das Wesen der Kunst darin sah, »Vergnügen« zu erzeugen. Gemeint sind damit alle Versuche, Kunst nicht durch die Analyse der Kunstwerke selbst oder als Abbildung der »Natur« zu beschreiben, sondern in ihrer Funktion, Empfindungen auszulösen und sie so »psychologisch« in ihrer Wirkung auf die menschlichen Betrachter zu bestimmen. Moses Mendelssohn (1729–1786) als Hauptvertreter einer psychologischen Ästhetik etwa begann 1757 programmatisch seine Schrift *Über die Hauptgrundsätze der schönen Künste und Wissenschaften*: »In den Regeln der Schönheit […] liegen die tiefsten Geheimnisse unserer Seele verborgen. Jede Regel der Schönheit ist zugleich eine Entdeckung in der Seelenlehre.«[11]

Mit »Vergnügen« bezeichnete man im 18. Jahrhundert allerdings nicht einfach die lustvolle Empfindung und ein sinnfreies Pläsier, sondern hatte dabei immer auch unausgesprochen die Moral im Blick: Der Optimismus der deutschen Aufklärung ging stets davon aus, dass das Vergnügen nicht unabhängig von ethischen Grundsätzen, sondern letztlich aus der Einsicht in die »Vollkommenheit« eines Dinges entstand. Indem er diese Vollkommenheit als sinnvolle Ganzheit nachvollzog, hatte der Betrachter auch Einblick in die Vollkommenheit der göttlich sinnvoll gebauten Welt und gleichzeitig vervollkommnete er sich selbst durch diese Gedanken.

Da der Aufsatz dem jüdischen Philosophen Moses Mendelssohn gewidmet war, liegt die Vermutung nahe, dass dieser *Versuch* auf Diskussionen im Salon Mendelssohn zurückgeht. Dieser Gesprächszusammenhang ist leider mangels Quellen nicht zu dokumentieren.[12] Moritz war

11 Moses Mendelssohn, *Über die Hauptgrundsätze der schönen Künste und Wissenschaften*, in: M. M., *Gesammelte Schriften (Jubiläumsausgabe)*, Bd. 1: *Schriften zur Philosophie und Ästhetik I*, Faks.-Neudr. der Ausg. Berlin 1929 mit einem Bildnis und einem Faks., bearb. von Fritz Bamberger, Stuttgart 1971, S. 425–452, hier S. 427.

12 Der Mendelssohn-Bezug wurde schon von Auerbach vermutet; vgl. Moritz, *Über die bildende Nachahmung des Schönen* (1888, Ausg.), S. XIV–XV.

aber mit Mendelssohn bekannt und hat sich stets rühmend auf den Philosophen bezogen, als ob dieser sein Mentor gewesen sei. Die eingehendste Würdigung Mendelssohns nach seinem Tod 1786 stammt von Moritz;[13] in seinen Nachrichten über den verehrten Aufklärer berichtet er von scharfsinnigen Diskussionen über philosophische Themen im Hause Mendelssohn und erwähnt auch, dass der Hausherr selbst Aufsätze von ihm mit Anmerkungen versah.[14]

Mendelssohn hatte zum Zeitpunkt von Moritz' Widmung keine aktuellen Veröffentlichungen zur Ästhetik vorgelegt; seine wichtigen Untersuchungen lagen eine Generation zurück. Damals hatte er »vermischte Empfindungen« untersucht und einen wegweisenden Aufsatz verfasst, der Batteux' Nachahmungsprinzip kritisierte. In einigen Ausführungen scheint Moritz direkt auf diesen Beitrag *Über die Hauptgrundsätze der schönen Künste und Wissenschaften* zu rekurrieren. Der Aufsatz erschien zuerst 1757; 1771 veröffentlichte ihn Mendelssohn in einer verbesserten Fassung. Zu der Zeit, als Moritz bei Mendelssohn verkehrte, scheinen Fragen der Ästhetik, die schon in diesem Text behandelt wurden, wieder besprochen worden zu sein. Vermutlich spielte dabei der Philosoph Johann August Eberhard (1738–1809) eine Rolle, der gut mit Mendelssohn bekannt war. Der frühere Prediger in Charlottenburg war

13 *Ueber Moses Mendelssohn*, in: *Denkwürdigkeiten aufgezeichnet zur Beförderung des Edlen und Schönen*, hrsg. von Karl Philipp Moritz, 2.–9. Stück (1786); vgl. die Neuedition in: Karl Philipp Moritz, *Denkwürdigkeiten. Vorworte, Nachworte und Anmerkungen zu von Moritz herausgegebenen Werken*, hrsg. von Claudia Stockinger, Berlin 2013 (KMA 11).

14 Ebd, S. 99 (7. Stück).

Leibnizianer und beeinflusst von Mendelssohns Popularphilosophie; er wirkte seit 1778 als Nachfolger des Philosophen Georg Friedrich Meier an der Universität Halle. 1783 veröffentlichte er eine *Theorie der schönen Wissenschaften*, die er Mendelssohn gewidmet hatte. Beide standen in brieflichem Austausch miteinander,[15] so dass im Hause Mendelssohn auch diese Theorie wohl besprochen hätte werden können. Eberhard schickte seine Ästhetik am 19. April 1783 an Mendelssohn, besuchte diesen an Pfingsten desselben Jahres[16] und kündigte ihm auch im April 1784 eine zweite Auflage des Werks an.[17] Eberhard kannte auch Moritz; beide veröffentlichten in der *Berlinischen Monatsschrift*. Im September 1783 berichtete er Mendelssohn von einer Mitteilung Moritz', »derzufolge Eberhard die Meinung Mendelssohns über Nothwendigkeit mißverstanden habe«.[18] Die Stelle bezieht sich auf Eberhards Diskussionsbeitrag *Über Freiheit und Nothwendigkeit*, den dieser Mendelssohns gleichnamigem Beitrag in der *Berlinischen Monatsschrift* entgegengehalten hatte.[19] Über eine Begegnung

15 Vgl. Moses Mendelssohn, *Gesammelte Schriften (Jubiläumsausgabe)*, Bd. 12/2: *Briefwechsel II,2. 1771–1780*, bearb. von Alexander Altmann, Stuttgart 1976, Nr. 483 (Eberhard an Mendelssohn, 15. November 1778); sowie ebd., Bd. 13: *Briefwechsel III. 1781–1785*, bearb. von Alexander Altmann, Stuttgart 1977, Nr. 540, 587, 594, 613, 638 und 701.

16 Vgl. Eberhard an Mendelssohn, 19. April 1783; in: Mendelssohn, *Briefwechsel III. 1781–1785* (s. Anm. 15), Nr. 594, S. 101 f.

17 Eberhard an Mendelssohn, 1. April 1784; in: ebd., Nr. 638, S. 188 f.

18 Eberhard an Mendelssohn, 23. September 1783; vgl. ebd., Komm. zu Nr. 613, S. 384.

19 Johann August Eberhard, *Ueber Freiheit und Nothwendigkeit. Eberhard an Moses Mendelssohn*, In: *Berlinische Monatsschrift*,

von Moritz und Eberhard in Berlin ist nichts bekannt, aber gemeinsame »Spaziergänge« der beiden während Moritz' Kuraufenthalt 1784 in Halle sind überliefert, wobei die Diskussion zumindest die Interpretation des biblischen Buchs der Genesis betraf. Moritz publizierte darüber einen wichtigen Aufsatz in der *Berlinischen Monatsschrift*,[20] worauf Eberhard mit seinem Beitrag *Über den Regenbogen* antwortete und sich direkt auf die persönliche Begegnung bezog.[21] Es ist also gut denkbar, dass Eberhard der äußere Anlass zu Moritz' erstem Aufsatz zur Ästhetik geworden ist. Diesen besonderen historischen Hintergrund muss man eigentlich aber nicht kennen, um das Revolutionäre von Moritz' Ansatz zu würdigen.

Die Position nämlich, die Moritz kritisierte, betraf nicht nur Eberhard, sondern jede Wirkungsästhetik, erst recht den später von Moritz scharf angegriffenen Johann Christoph König, der 1784 eine *Philosophie der schönen Künste* verfasst hatte,[22] und auch die Mendelssohn'sche Schönheitslehre.

In seinem Beitrag *Über die Hauptgrundsätze der schönen Künste und Wissenschaften* bestimmte Mendelssohn das Schöne nicht objektbezogen als Schönheit einer voll-

Bd. 1, 9. Stück (September 1783), S. 276–280. Als Antwort auf Moses Mendelssohn, *Ueber Freiheit und Nothwendigkeit. K. an Nicolai*, in: *Berlinische Monatsschrift*, Bd. 1, 7. Stück (Juli 1783), S. 1–10.

20 Karl Philipp Moritz, *Auch eine Hypothese über die Schöpfungsgeschichte Mosis*, in: *Berlinische Monatsschrift*, Bd. 3, 4. Stück (April 1784), S. 335–346.

21 Johann August Eberhard, in: *Berlinische Monatsschrift*, Bd. 3, 8. Stück (August 1784), S. 180–184, hier S. 180.

22 Vgl. dazu im Folgenden S. 143–145.

kommenen Natur (in der Tradition der Frühaufklärung à la Leibniz, Wolff, Baumgarten), sondern subjektbezogen als Schönheit in der »sinnlich-vollkommenen Vorstellung«.[23] Die Frühaufklärung ging aus von einer Natur, die von Gott vernünftig geregelt und geordnet wurde, die an sich schön ist und nach dem klassizistischen Gebot der Nachahmung durch den Bezug auf die Natur regelhaft nachgeahmt werden konnte. Für Mendelssohn ist diese Orientierung an der metaphysischen Ordnung, der Vollkommenheit der Welt, nicht mehr ausreichend, um das Schöne der Künste zu bestimmen, sondern er bezieht sich auf die Wirkung des Schönen auf die Seele. Dabei setzt sich der Philosoph kritisch mit der These von Batteux auseinander, dass der Grundsatz der schönen Künste in der Nachahmung der schönen Natur bestehe, und kommt zu dem Schluss: »da der Endzweck der schönen Künste ist, zu gefallen; so können wir folgenden Grundsatz als ungezweifelt voraussetzen: Das Wesen der schönen Künste und Wissenschaften besteht in einer künstlichen sinnlich-vollkommenen Vorstellung, oder in einer durch die Kunst vorgestellten sinnlichen Vollkommenheit.«[24]

Der Begriff der »sinnlich vollkommenen Schönheit« stammt von Alexander Gottlieb Baumgarten (1714–1762), dem Begründer der Ästhetik als philosophischer Disziplin. Baumgarten war ein Schüler Christian Wolffs (1679–1754) und hatte bei seiner Definition der Ästhetik die sinnliche

23 Vgl. D'Aprile (2006), S. 25 f.

24 Mendelssohn, *Über die Hauptgrundsätze der schönen Künste und Wissenschaften* (s. Anm. 11), S. 431.

Erkenntnis im Unterschied zur logischen herangezogen. Leibniz (1646–1716) und in seiner Nachfolge die sogenannte Schulphilosophie (Wolff) unterschieden bei der Erkenntnis der Welt je nach dem Grad vernünftiger Durchdringung zwischen den klaren und deutlichen Vorstellungen, die das Denken erreichen kann, und den dunklen und verworrenen Vorstellungen nichtbegrifflicher Art; dazu außerdem eine Mischform der klaren und undeutlichen Erkenntnis (»cognitio clara et confusa«): diese kann sinnliche Phänomene unterscheiden, bringt sie aber begrifflich nicht auf den Punkt (Leibniz: »je ne sais quoi«). Baumgartens Bestimmung der Schönheit als »sinnlich vollkommene Vorstellung« findet für diese klaren und konfusen Vorstellungen nun die Formel, der zufolge das Schöne auf einer nicht verstandesmäßigen Ebene als geschlossenes Ganzes wahrnehmbar ist (klar) und gleichzeitig aus vielen Einzelheiten gebildet wird (undeutlich).

In Mendelssohns Bestimmung des Schönen kommt dem Subjektiven eine ganz andere Bedeutung zu als in der frühaufklärerischen Objektästhetik: es ist das Subjekt, das in seiner Vorstellung Vollkommenheit empfindet, nicht das Objekt, dem die Vollkommenheit eignet. Beide Aspekte sind in seiner Ästhetik allerdings angelegt: damit das Subjekt sinnlich vollkommene Vorstellungen haben kann, ist es auch auf Objekte angewiesen, die vollkommen sind. Gleichzeitig wird der Aspekt des Hervorbringens des Schönen durch den Künstler aufgewertet; dieser ermöglicht es erst dem Publikum, die von ihm durch »Konzentration« erzeugte Vollkommenheit der Vorstellung zu genießen:

»Was [die Natur] in verschiedenen Gegenständen zerstreuet hat, versammelt er in einem einzigen Gesichtspunkte, bildet sich ein Ganzes daraus, und bemühet sich, es so vorzustellen, wie es die Natur vorgestellt haben würde, wenn die Schönheit dieses begränzten Gegenstandes ihre einzige Absicht gewesen wäre. [...] Der Künstler muss sich also über die gemeine Natur erheben, und weil die Schönheit sein einziger Endzweck ist; so steht es ihm frey, dieselbe allenthalben in seinen Werken zu koncentriren, damit sie uns stärker rühre.«[25]

Moritz' Aufsatz nimmt nun einerseits Vorstellungen der Wirkungsästhetik auf, andererseits wird ihr Hauptgrundsatz des Vergnügens von ihm verworfen. Das Verhältnis von Moritz zu Mendelssohn wird man heute dabei nicht einfach als Antithese auffassen, sondern eher als eine Mischung von Zustimmung und Weiterdenken; in den Vorstellungen, dass Kunst ein geordnetes Ganzes sinnlicher Vollkommenheit sei, und der ähnlichen Anschauung des Künstlers als Organisator des Kunstwerks finden sich viele Parallelen.[26] In der wichtigsten These des Aufsatzes geht Moritz allerdings über Mendelssohn hinaus.

Die revolutionäre These lautet, dass das Wesen der Kunst nicht darin bestehe, nützlich zu sein oder Vergnügen zu erregen, sondern dass sie für sich selbst bestehe, ein Objekt für sich ausmache, das nicht auf den Menschen zu konzipiert ist. Dazu hätte es nicht eines Anschlusses an die Ge-

25 Ebd., S. 435.
26 Vgl. D'Aprile (2006), S. 49.

schichte der Ästhetik bedurft; in der Tat muss man bei Moritz bezweifeln, dass seinen Ausführungen stets eine gründliche Auseinandersetzung mit der wissenschaftlichen Fachliteratur vorherging.

Seine Terminologie wurzelt zwar in den hergebrachten Denkweisen von Kunst (Nachahmung, Vergnügen, Vollkommenheit), aber er gewinnt seine These schlicht durch die Umkehrung des Hauptsatzes der aufgeklärten Wirkungsästhetik, dass Kunst beim Betrachter Gefühle und Empfindungen erzeuge: er vertauscht Subjekt und Objekt und lässt provokant das Kunstwerk als Subjekt, nicht als Objekt der Wahrnehmung erscheinen. Damit wendet er sich ab von dem »Endzweck«, den die aufklärerische Wirkungsästhetik immer bei den schönen Kunstwerken im Sinne hatte: nützlich zu wirken, indem man belehrte oder auch die Kunst als Vergnügungsinstanz für das Individuum fruchtbar machte. Andererseits wird durchaus aber das Kunstwerk noch an eine geordnete Natur zurückgebunden, insofern sich in seiner Form eine Ordnung ausdrückt, die auch in der Natur waltet; er »säkularisiert« die frühaufklärerische Objektästhetik.[27]

Die Kernthese setzt das Kunstwerk ab von nützlichen Gegenständen, die wie eine Uhr oder ein Messer für den Menschen Mittel zu einem anderen Zweck sind. Während die Uhr Vergnügen erweckt, weil sie ihren nützlichen Zweck erfüllt, ist ein Kunstwerk ohne unmittelbare instrumentelle Funktion. In dem Beispiel der Uhr, des rationalistischen Instruments überhaupt, mag man noch den Einfluss der Schulphilosophie erkennen. Wie viele deutsche

27 Ebd., S. 48.

Intellektuelle des 18. Jahrhunderts hat auch Moritz seine Grundausbildung in der sich auf Leibniz berufenden deutschen ›Schulphilosophie‹ Christian Wolffs erfahren; in ihr spielt der Begriff der »Vollkommenheit« eine besondere Rolle. Moritz' Roman *Anton Reiser* schildert als exemplarisches Stadium der Bildung die Lektüre von Wolffs Standardwerk *Vernünfftige Gedancken von Gott, der Welt und der Seele des Menschen, auch allen Dingen überhaupt* (1720).[28] Darin dozierte Wolff auch über die Vollkommenheit der Dinge, die in der »Zusammenstimmung des mannigfaltigen« bestehe;[29] die Vollkommenheit, gleich, ob Gemälde oder Uhr, ruft Lust hervor:

> »Indem wir die Vollkommenheit anschauen, entstehet bey uns d i e L u s t, daß demnach die Lust nichts anders ist, als ein Anschauen der Vollkommenheit: [...] Wer eine Uhr siehet, welche die Zeit genau andeutet, der hat Lust daran. Und also besteht die Lust auch hier in einer anschauenden Erkäntniß der Vollkommenheit.«[30]

Moritz unterscheidet die nützliche Vollkommenheit der Uhr von der »sinnlichen« Vollkommenheit des Kunstwerks. Die Uhr, führt er aus, »betrachte« man »nur mit Ver-

28 Karl Philipp Moritz, *Anton Reiser*, hrsg. von Christof Wingertszahn, Tübingen 2006, Tl. 1 (KMA 1), S. 217 und 264.

29 Christian Wolff, *Vernünfftige Gedancken von Gott, der Welt und der Seele des Menschen, auch allen Dingen überhaupt*, 1. Aufl., Halle 1720, 1. Teil, § 152, S. 78. Vgl. weiter das Beispiel der Uhr: »Die Vollkommenheit einer Uhr beurtheilet man daraus, daß sie die Stunden und ihre Theile richtig zeiget« (ebd., S. 78 f.).

30 Ebd., § 404, S. 247 f.

gnügen, in so fern ich sie brauchen kann« (S. 9); mit dem Schönen ist es umgekehrt: »Man betrachtet es nicht, in so fern man es brauchen kann, sondern man braucht es nur, in so fern man es betrachten kann.« Das Schöne gefällt demnach trotz seiner fehlenden Brauchbarkeit: »was uns Vergnügen macht, ohne eigentlich zu nützen, nennen wir schön« (S. 11).

Das Kunstwerk soll also keinem direkten Zweck unterworfen sein. Moritz behandelt im Aufsatz auch die Frage nach den Motiven des Künstlers für sein Schaffen und die nach der angemessenen Rezeption. Seine Antwort darauf zeigt, dass er die Ästhetik noch auf der Moral abstützt. Die Voraussetzung für ein schönes Kunstwerk ist der Verzicht des Künstlers auf eigennützige Motive – Beifall – und der Verzicht des Betrachters auf »jede specielle Beziehung«. Den Rezipienten gesteht Moritz nur »angenehmes Vergessen unsrer selbst« zu. Das ästhetische Vergnügen bleibt seltsam fahl in diesen Ausführungen; wo Mendelssohn etwa als sinnliche Reize des Kunstwerks – mit Bezug auf Tizian oder andere Maler – aufführt: »die Lebhaftigkeit der Lokalfarben, die Harmonie ihrer Schattierung und die Wahrheit und Einheit in der Austheilung des Lichts und Schattens«,[31] da scheint Moritz nur eine allgemeine »Vollkommenheit« des Kunstwerks wahrgenommen zu haben als einer aus der Schar der »Vollkommenheitsmänner«, wie Schiller die Vertreter einer »rational objectiven« Ästhetik (Baumgarten, Mendelssohn u. a.) nennt.[32]

31 Mendelssohn, *Über die Hauptgrundsätze der schönen Künste und Wissenschaften* (s. Anm. 11), S. 440.

32 Friedrich Schiller an Christian Gottfried Körner, 25. Januar 1793; in: *Schillers Werke. Nationalausgabe*, Bd. 26: *Briefwechsel. Schil-*

Der neue Ansatz von Moritz geht allerdings nicht einfach auf die Schönheit des Objekts zurück, ohne auf die Tätigkeit des Subjekts ganz zu verzichten. Das Kunstwerk wird nicht einfach als daseiend hingenommen, sondern es wird erst vom Betrachter konstituiert. Moritz schreibt:

> »Bei der Betrachtung des Schönen aber wälze ich den Zwek aus mir in den Gegenstand selbst zurük: ich betrachte ihn, als etwas, nicht in mir, sondern in sich selbst Vollendetes, das also in sich ein Ganzes ausmacht, und mir um sein selbst willen Vergnügen gewährt; indem ich dem schönen Gegenstande nicht sowohl eine Beziehung auf mich, als mir vielmehr eine Beziehung auf ihn gebe.« (S. 7 f.)

Es ist ein bewusster Akt der Rezeption, mit dem man das Kunstwerk herstellt und es aus der Welt der Zwecke hebt, fast eine Sisyphusarbeit, wie der Ausdruck des »Wälzens« nahelegt. Diese Arbeit reinigt das Kunstwerk sozusagen von dem Staub und schafft eine Zone der Betrachtung, die dem Subjekt kein gesellschaftliches Handeln mehr abverlangt und es in ein angenehmes Sichselbstvergessen sinken lässt. Bedenkt man, dass ein Großteil der Kunst des Zeitalters noch in höfisch-repräsentativem Rahmen entstand, so ist dies eine Handlung, die auch schon gesellschaftlich relevant ist: die Aufgaben der Auftragskunst, der ikonographischen Beweihräucherung, der Dekoration, der Widmungen und Illuminationen werden weggeräumt.

lers Briefe 1.3.1790–17.5.1794, hrsg. von Edith und Horst Nahler, Weimar 1992, S. 176.

Am deutlichsten wird die neue Position von Moritz in einigen sprachlichen Wendungen, die in einem ganz neuen intimen Tonfall von der Liebe zum Kunstwerk handeln. Er macht sprachlich das Kunstwerk zu einem lebendigen Wesen, wenn er pathetisch redet von dem »Mitleid beim Anblik eines schönen Kunstwerks, das in den Staub darniedergetreten, von den Vorübergehenden mit gleichgültigem Blik betrachtet wird« (S. 10). Neu ist auch die religiöse Sprachfärbung, die verlangt, dass man in selbstloser Liebe der Kunst gegenübertreten und sich ihr gegenüber jedes Eigeninteresses enthalten solle. Damit wird eine moralphilosophische Wendung der »uneigennützigen Liebe« eingeführt, die im Diskurs des Jahrhunderts zwischen religiösen Idealisten (Fénelon) und skeptischen Moralisten immer wieder diskutiert worden ist. Moritz war sie durch den Quietismusstreit vertraut. Bekanntlich wurde er von seinem Vater im Geist der Mystik von Madame Guyon erzogen, die darauf aus war, den Eigenwillen, das Eigeninteresse, auszuschalten und dafür selige Ruhe im Nichts, in Gott zu finden. Das brachte »Ertödtung«[33] des Ich mit sich, das im All oder Nichts aufgehen sollte. Die verheerenden Folgen einer solchen Erziehung zum Selbsthass hat Moritz im *Anton Reiser* beschrieben, in dem aber trotz aller aufgeklärten Kritik an der religiösen Schwärmerei immer noch die Anziehung durch die Mystik und das religiöse Nichts zu spüren ist.

Schon früh hat man darauf hingewiesen, dass sich in der Forderung nach interesseloser Liebe dem Kunstwerk gegenüber dieses quietistische Denken finde, das die ur-

33 Vgl. Moritz, *Anton Reiser* (s. Anm. 28), S. 11.

sprünglich vom Mystiker geforderte Selbstaufgabe gegenüber Gott einfach auf das Kunstwerk übertrage, bei dem man alle Egoismen vergessen solle.[34] Die Parallelen sind in der Tat auffällig, und es liegt nahe, Moritz' ästhetisches Denken als Übertragung seiner früh erfahrenen religiösen Prägung aufzufassen. Dies schließt allerdings nicht aus, Moritz' Ästhetik aus der Ästhetikgeschichte selbst herzuleiten, die Unterscheidung von Egoismus und Uneigennützigkeit liegt diesem ästhetischen Diskurs selbst zugrunde.

Wie kommt Moritz dazu, noch während seiner Beschäftigung als Lehrer und als Reporter der *Vossischen Zeitung* eine Theorie des Schönen zu formulieren? Alessandro Costazza hat die bestechende Frage formuliert, wieso ausgerechnet der Psychologe Moritz, der als Herausgeber der ersten deutschen Zeitschrift für empirische Psychologie bekannt geworden war, eine »antipsychologische Ästhetik« entworfen habe.[35] Costazza sieht den Grund dafür in Moritz' Enttäuschung durch den zeitgenössischen Literaturmarkt, der dem Autor vor Augen geführt habe, dass das angestrebte Aufklären durch Literatur mit den ökonomischen Interessen des sich etablierenden Literaturmarkts unvereinbar sei. Diesem sei es nur um die Berechnung seiner Produkte auf effektvolle Wirkung gegangen. Moritz hat in der Tat als Literaturkritiker der *Vossischen Zeitung* ein strenges Regiment gegen die besprochenen Theater- und Romandichter geführt, so dass er sicher bestrebt war, den Geschmack der Leser und die Qualität der Dichtung zu

34 Vgl. dazu Minder (1974).
35 Costazza (1996a), S. 9–30.

steigern, indem er »den Maaßstab des wahren ächten Schönen«[36] aufzeigte. Moritz selbst hat seine Leitlinien für den Umgang mit dem Schönen in diesem Sinne in der schon erwähnten Rezension vom April 1785 vorgetragen; sie können als Kommentar des eigenen *Versuchs einer Vereinigung* gelesen werden. Demnach ist der »Endzweck aller schönen Künste [...] die Hervorbringung des Schönen« und nicht »die Erregung angenehmer und unangenehmer Empfindungen«:

> »Wer wird es leugnen, daß Glücksumstände, Klima, Religionsgrundsätze u. s. w. Einfluß auf unsre Urtheile vom Schönen haben; aber wie unendlich ist das Detail hievon, und wie seicht muß das seyn, was man mit ein paar Zeilen davon sagen will, wie der V[erfasser]. thut, der den Einfluß, den das Alter, Klima u. s. w. auf unser Urtheil von der Schönheit hat, ordentlich unter Rubriken bringt. Die Schönheit auf die Weise subjektivisch zu betrachten, ist eine Sache, die in Reisebeschreibungen, und Sitten und Karakterschilderungen der Nationen, nicht aber in eine Philosophie der schönen Künste gehört. Diese müßte ja sonst ein ungeheures Buch werden; denn würde es z. B. nicht schon ein eignes Buch erfordern, nur zu zeigen, was für Einfluß die Verschiedenheit der Religionsgrundsätze von jeher auf das Gefühl der Menschen vom Schönen gehabt hat? – Und wozu das alles? Sollen denn etwa daraus die Regeln des Schönen bestimmt werden? Soll etwa daraus nun der Dichter lernen, wie er

36 Moritz' Rezension von Johann Christoph Königs Schrift *Philosophie der schönen Künste* (s. Anm. 1).

für diese oder jene Religionsparthei, für dieß oder jenes Alter oder Klima dichten müsse, um Beifall zu erhalten? Soll eine Philosophie der schönen Künste nicht vielmehr dahin streben, den Maaßstab des wahren ächten Schönen zu finden, der auf jedes Alter, auf jedes Klima paßt? – Haben nicht von jeher die schönen Kunstwerke selbst das Gefühl der Menschen erhöht und veredelt, und allmälig – selbst über die Verschiedenheit der Religion, des Zeitalters und des Klima gesiegt? Verdienet also ihre innre Zusammensetzung nicht im höhern Grade unsere Aufmerksamkeit, als die Verschiedenheit ihrer Wirkungen auf die menschlichen Gemüther, sobald nicht von der Entwickelung des individuellen Karakters eines Menschen oder eines ganzen Volks, sondern von einer Philosophie der schönen Künste die Rede ist?«[37]

Als einzige Antwort auf Costazzas Frage reicht der Zustand der zeitgenössischen Literaturvermarktung aber nicht aus. Moritz' Wendung von der Moralphilosophie zur Ästhetik hat sicher weitere Gründe; die Diskussion im Mendelssohn-Kreis bot einen Anlass, sich auf neuem Felde zu profilieren. Dazu entwickelte sich die Einsicht des Autors in die Eigengesetzlichkeit von Kunstwerken. Im *Versuch* finden sich Lieblingswendungen von Moritz wieder, die er schon 1781 in seinen sprachwissenschaftlichen Untersuchungen entwickelt hat. Darin reflektiert er ausführlich über die unpersönlichen Verben, die kein Objekt und damit keinen ›Zweck‹ haben, in einer Sprache, die schon vorausweist auf die Art, ein Kunstwerk als in sich selbst strukturiert zu denken:

37 Ebd.

»Es giebt einige Handlungen, die gewissermaßen in sich selber wieder zurückfallen, und eigentlich gar keinen unmittelbaren Gegenstand außer sich selber haben; sie scheinen mehr ein wirksamer Zustand, als wirkliche Handlungen zu seyn, und man könnte wol sagen, daß sie zwischen den Handlungen und dem blossen Zustande gleichsam in der Mitte stehen.«[38]

Im Rahmen seiner erfahrungsseelenkundlichen Studien über die Taubstummensprache gerät Moritz auch in eine Semiotik, in der natürliche und willkürliche Zeichen unterschieden werden. Die Einsicht in eine besondere Sprache der Kunst setzt praktisch die Besinnung auf Sprache und Zeichentheorie allgemein fort.[39] Am Anfang von Moritz' Beschäftigung mit dem schönen Kunstwerk stand die Überzeugung, dass »der helle Spiegel der Sprache« den »ganzen prächtigen Zusammenhang [der Schöpfung] sowohl als die allerfeinsten Schönheiten derselben zurückstrahlt«.[40] Wie später in seinem grundlegenden Aufsatz über die *Vereinigung aller schönen Künste und Wissenschaften* den Verfasser »süßes Staunen«[41] angesichts des schönen Kunstwerks befällt, erlebte er ein Gleiches beim Nachvollzug der Sprache: »Keine Harmonie kann dem Ohre angenehmer tönen, als die Übereinstimmung einer Reihe von Gedanken, die man erstlich allmälig nacheinander,

38 Karl Philipp Moritz, *Zusätze zu den Briefen vom Unterschiede des Akkusativ's und Dativ's*, Berlin 1781, S. 12.

39 Vgl. dazu Aebi Fahramand (2012), bes. S. 159–272.

40 Karl Philipp Moritz, *Deutsche Sprachlehre*, Berlin 1782, 1. Brief, S. 3.

41 Vgl. S. 10, Z. 6, im vorl. Bd.

und dann auf einmal denkt, unsre Seele in ein süßes Staunen versetzt.«[42] Der Sprachlehrer erfuhr den »ganzen innern Glanz der Sprache« schon als »wunderbare[s] Licht, womit sie unsre Seele durchstrahlt«[43]. Im sechs Jahre später entstandenen Aufsatz *In wie fern Kunstwerke beschrieben werden können?* wird Moritz dann mit gleicher Lichtmetaphorik festhalten: »Das Licht, worinn sich uns das Schöne zeigt, kommt nicht von uns, sondern fließt von dem Schönen selber aus, und verscheucht auf eine Weile die Dämmrung um uns her.«[44] In der *Deutschen Sprachlehre* ist auch erstmals die Beschäftigung des Verfassers mit der Verschiedenheit der Künste dokumentiert. Im Wettstreit zwischen Malerei und Dichtung gibt er eindeutig der Sprache den Vorzug, wenn er anhand einer eigenen Fallgeschichte und einer Idylle des Doppeltalents Salomon Gessner betont: »Wie einleuchtend ist hier der Vorzug der Sprache vor dem Gemählde!«[45]

Neben der allgemeinen zeichentheoretischen Herleitung von Moritz' Interesse an der Ästhetik ist in seinem Bemühen, das Kunstwerk aus den Eigeninteressen des Künstlers und des Rezipienten herauszuhalten und seine Eigenheit anzuerkennen, eine Entsprechung zu Moritz' sozialkritischer Einstellung gesehen worden. Die Hochschätzung des Individuums entspricht der Freisetzung des Kunstwerks; schon in der Wortwahl gibt es Parallelen zwischen dem Schönen und dem Sozialen. Von daher ist Moritz' Autonomieästhetik aufgefasst worden als eine Reak-

42 Moritz, *Deutsche Sprachlehre* (s. Anm. 40), S. 5.
43 Ebd., S. 9.
44 Vgl. S. 61, Z. 17–20, im vorl. Bd.
45 Moritz, *Deutsche Sprachlehre* (s. Anm. 40), S. 25.

tion auf soziale Reduktion.[46] In dem Schönen handelt Moritz demnach gar nicht nur das Schöne im engeren Sinne ab, sondern entwirft ein Modell von Unabhängigkeit, das vorbildlich für den sozialen Raum der Zwecke und Nutzfunktionen wirken kann. Die Folie dafür ist der gewinnorientierte zeitgenössische Literaturmarkt:

> »Diese falsche Vorstellungsart hat fast in alle menschlichen Dinge eine schiefe Richtung gebracht. – Die herrschende Idee des Nüzlichen hat nach und nach das Edle und Schöne verdrängt – man betrachtet selbst die große erhabne Natur nur noch mit kameralistischen Augen, und findet ihren Anblick nur interessant, in so fern man den Ertrag ihrer Produkte überrechnet.«[47]

3. *Über die bildende Nachahmung des Schönen*

Erst drei Jahre nach dem wegweisenden Aufsatz in der *Berlinischen Monatsschrift* veröffentlichte Moritz weitere Schriften zur allgemeinen Ästhetik.[48] Seine Hauptschrift *Über die bildende Nachahmung des Schönen* und der Aufsatz über *Die Signatur des Schönen* entstehen in Rom, wohin Moritz 1786, entnervt von seinem eingeschränkten Da-

46 Vgl. Hans Joachim Schrimpf, *Karl Philipp Moritz*, Stuttgart 1980, S. 114–117.

47 Karl Philipp Moritz, *‹Was giebt es Edleres und Schöneres›*, in: *Denkwürdigkeiten*, 1. Stück, Berlin 1786, zit. nach: K. Ph. M., *Denkwürdigkeiten*, hrsg. von Claudia Stockinger, Berlin 2013 (KMA 11), S. 18.

48 Zu Moritz' Ästhetik vgl. grundlegend Schneider (1998); vgl. ferner Pfotenhauer (1991), S. 67–83; Pfotenhauer (2015), S. 55–74.

sein als Lehrer in Berlin, flieht. Der Aufenthalt in Italien wird ermöglicht durch Vorauszahlungen des Braunschweiger Verlegers Joachim Heinrich Campe, der von dem Autor als Gegenleistung eine gutverkäufliche Reisebeschreibung von Italien und ein Werk über römische Altertümer erwartet. Die antiken Überbleibsel hat Moritz auch wie die reichen Kunstschätze Roms besehen, das Land erlebt und sich hier vom Erfahrungsseelenkundler zum Theoretiker der Autonomieästhetik entwickelt. Rückblickend hält Moritz in seinen *Reisen eines Deutschen in Italien* sein ›Erweckungserlebnis‹ in Rom fest: »Es ist mir wie Schuppen von den Augen gefallen […]«; »Ein sanftes Gefühl des Schönen tritt an die Stelle der unruhigen Begier.«[49] Erstmals konnte Moritz auf kleinem Raum immense Kunstschätze aus eigener Anschauung besehen; er verkehrte im Kreis der deutschen Künstlerkolonie und besprach sich mit Goethe, der kurz nach Moritz in Rom ankam, als dessen »liebster Gesellschafter«[50] über Kunst und Leben.

Vor diesem Hintergrund könnte man erwarten, dass Moritz aus der Anschauung italienischer Kunstwerke inspirierte Kunstbeschreibungen liefert. Nichts liegt aber seiner großen Schrift *Über die bildende Nachahmung des Schönen* ferner. Sie ist ein schwerverständliches und dunkles Werk, das Anschaulichkeit meidet, auf kein einziges Werk der Bildenden Kunst eingeht und lediglich die *Ilias* für seinen geschichtsphilosophischen Hintergrund zitiert.

49 Karl Philipp Moritz, *Reisen eines Deutschen in Italien in den Jahren 1786 bis 1788. In Briefen. 2. Teil*, in: Werke 2, S. 623.

50 Johann Wolfgang Goethe, *Italiänische Reise III. Zweiter Römischer Aufenthalt vom Juni 1787 bis April 1788*, in: WA I 32, S. 104.

Wie kommt es in Rom zu dieser Grundsatzschrift über Ästhetik?

Wie immer bei Moritz müssen wir die Entstehungsumstände der Schrift aus Begleitumständen und flankierenden Dokumenten erschließen, denn Handschriften sind nicht erhalten. Die *Bildende Nachahmung des Schönen* entsteht vermutlich im Winter 1787/88 in Rom,[51] kurz vor dem Signatur-Aufsatz. Moritz schickte sie in drei Lieferungen an den Verleger. Eine Generation nach Moritz' Tod veröffentlichte Goethe seine *Italienische Reise* und berichtete darin unter dem Datum »März 1788« über die *Bildende Nachahmung des Schönen*,[52] die Schrift sei »aus unsern Unterhaltungen hervorgegangen, welche Moritz nach seiner Art benutzt und ausgebildet« habe.[53] Wer von den beiden Freunden was zu diesen Unterhaltungen beigesteuert hat, das lässt sich nur vermuten. Goethe teilte dem Freund seine Überlegungen zur Metamorphose der Pflanzen mit; beide tauschten sich wohl auch über Johann Gottfried Herders Schriften *Gott* und *Ideen* aus, in denen von spinozistischem Standpunkt aus über Natur und Geschichte spekuliert wurde. Die Anschauung von dem gottgleich schaffenden Künstler, der Kunstwerke quasi-natürlich bildet, ist sicher auf Goethe zurückzuführen. Dass Moritz den größten Anteil an seiner eigenen Schrift – entgegen früheren Vermutungen einer auf Goethes übermächtige Individualität fixierten Germanistik – hatte, machen schon viele Bezüge zu seinen voritalienischen Schriften deutlich.

51 Vgl. Egon Menz, *Die Schrift Karl Philipp Moritzens »Über die bildende Nachahmung des Schönen«*, Göppingen 1968, S. 37–41.

52 Goethe, *Italiänische Reise III* (s. Anm. 50), S. 299.

53 Ebd., S. 302.

Jenseits dieser persönlichen Begleitumstände ist die *Bildende Nachahmung* aber höchstwahrscheinlich im Rahmen einer Spekulation auf eine Anstellung in der preußischen Akademie der Künste entstanden. Schon vor seiner Reise nach Italien konnte sich Moritz dank der Vermittlung seines Freundes August Friedrich Standtke, eines Mitarbeiters des Freiherrn von Heinitz, der 1786 Kurator der Akademie geworden war, Aussichten auf eine Stelle in der Berliner Anstalt machen. Im November 1787 bestätigte Heinitz Moritz seine Absicht, ihm eine Professur an der Akademie anzubieten, was Moritz am 1. Dezember freudig annahm.[54] Im April 1788 erhielt Moritz dann ein Stipendium des preußischen Hofs, um sich in Italien für seine zukünftige Position als Professor für »Theorie der schönen Künste« in Berlin vorzubereiten. Der neugegründete Lehrstuhl wurde ihm am 24. Februar 1789 zugeteilt. Als Beitrag zur »Theorie der schönen Künste« hatte Moritz die Schrift geplant; folgerichtig extrahierte er auch 1789 aus dem ersten Teil seiner Schrift etliche »Grundlinien« zum Umgang mit dem Schönen für die an der Berliner Akademie auszubildenden Künstler.[55]

Moritz' Italienaufenthalt ist in der Forschung immer als Wende in seinen Anschauungen interpretiert worden; in der Tat ist eine Schwerpunktverlagerung in seinen Arbeiten von der Psychologie, Pädagogik und Moralphilosophie in die Kunsttheorie zu verzeichnen. Diese Neuakzentuierung geschieht aber nicht im Nu. Die *Bildende Nachahmung des Schönen* ist ganz und gar nicht voraussetzungs-

54 Klingenberg (1996), S. 140 f.

55 Erschienen in *Monats-Schrift der Akademie der Künste und mechanischen Wissenschaften zu Berlin*, Bd. 2, 2. Stück (Februar 1789), S. 74–77; vgl. den Neudruck in: Moritz, Werke 2, S. 1018–20.

los: Moritz knüpft darin an seinen früheren Aufsatz über die *Vereinigung* an, verwertet wahrscheinlich Ideen einer früheren philosophischen Schrift über den Zusammenhang der Dinge (*Kinderlogik*), weist aus seiner Zeit der engen Verbundenheit mit dem Kreis der Berliner Spätaufklärer um die *Berlinische Monatsschrift* offensichtlich Kenntnis von Immanuel Kants Aufsatz *Idee zu einer allgemeinen Geschichte in weltbürgerlicher Absicht* nach und baut vermutlich Gedanken über Ästhetik ein, die er ursprünglich in einer Schrift »über das Edle und Schöne mit Anmerkungen von Mendelssohn« veröffentlichen wollte.[56] Die Kategorien des »Edlen« und »Schönen« waren die Leitlinien für Moritz' Zeitschrift *Denkwürdigkeiten*, die im ersten Halbjahr 1786 zum ersten Mal erschien. Wenn die italienische Abhandlung mit Reflexionen über das Schöne und das Edle beginnt, schließt sie wahrscheinlich an diese früheren Gedanken des Autors an.

Moritz' im Original nur 50 Seiten umfassende *Bildende Nachahmung des Schönen* ist zweifellos seine schwierigste Schrift, die viele Leser auch heute noch ratlos lässt. Die Gründe für ihre Schwerverständlichkeit liegen nicht nur im Thema, sondern auch in den gedrängten Umständen ihrer Entstehung, in Moritz' Entscheidung für den Stil einer hymnischen Rhapsodie und in einem gehörigen Ausmaß an Schwärmerei, das schon einige Zeitgenossen verärgerte. Dass viele Gedanken darin oft wie Splitter hingeworfen sind, lässt sich wohl auch auf den Schreibdruck zurückführen, dem Moritz unterlag. Sein Verleger, der ihn finanziell unterstützte, erwartete »etwas recht Durchdachtes und

56 Vgl. dazu Wingertszahn (1999).

Reifes, quoad stilum et materiam«;[57] die lateinisch unterfütterte Einforderung scheint Moritz besonders beeindruckt zu haben, denn er wiederholt sie in seiner gedruckten Polemik gegen den Vertragspartner unablässig. Campe forderte das Manuskript ein, und Moritz kam dem schließlich »in der Angst«, wie er Goethe schrieb,[58] nach; die *Bildende Nachahmung* wurde offenbar, sobald ein Teil fertig war, gleich nach Deutschland verschickt. Goethe nennt sie eine Beschwichtigungsschrift für Campe.[59] Zu den paradoxen Begleitumständen der wichtigsten kunsttheoretischen Schrift der Weimarer Klassik gehört, dass sie als Besänftigung eines auf finanziellen Erfolg spekulierenden Verlegers herausgepresst worden ist.

An keiner Stelle legt Moritz seine Voraussetzungen offen, wie es einer wissenschaftlichen Ästhetik in der Auseinandersetzung mit anderen Positionen heute anstünde: wohl nicht nur aus Abneigung gegen die Vorliebe der Schulphilosophie für Paragraphen, sondern auch eine genialische Attitüde, die Gegenpositionen gar nicht erst zur Sprache kommen lässt. Abhandlung ist das Werk kaum zu nennen, da es in großen Teilen nicht logisch argumentiert. Campe hat mit seiner Charakteristik der *Bildenden Nachahmung* die Schreibweise, die das Werk so schwierig macht, treffend charakterisiert. Er machte darin eine »phantasirende« Philosophie aus:

57 Joachim Heinrich Campe im Brief vom 15. Januar 1787 an Moritz, in: Karl Philipp Moritz, *Ueber eine Schrift des Herrn Schulrath Campe, und über die Rechte des Schriftstellers und Buchhändlers*, Berlin 1789, S. 7.

58 Moritz an Goethe, 7. Juni 1788; zit. nach: Eybisch (1909), S. 230.

59 Vgl. Goethe, *Italiänische Reise III* (s. Anm. 50), S. 302.

»Es ist [...] eine der charakteristischen Eigenthümlichkeiten dieses Schriftstellers, daß sein Abstractionsvermögen und seine Phantasie, so oft er philosophirt, gewöhnlich zugleich arbeiten; daß er sich erst auf den Flügeln von jenem in die Ideenwelt und zwar in seine Ideenwelt, d.i. in einen gewissen Bezirk von Lieblingsabstractionen, worunter besonders die Begriffe von Seyn, Zerstörung, Bildung, Tod, Leben u.s.w. figuriren, erhebt, und dann seine Phantasie mit diesen von ihr wieder leicht bekörperten, oft personificirten Abstractis, wie mit wirklichen Dingen nach Herzenslust spielen läßt.«[60]

Das Werk wurde dennoch die Programmschrift des Weimarer Klassizismus, obwohl es nicht in klassischer Diktion, sondern manieristisch geschrieben ist. Sowohl Goethe als auch Schiller besaßen dieses Buch und trugen in ihr Exemplar Anstreichungen ein, die von intensivem Studium zeugen.[61] Goethe rezensierte die Abhandlung gleich nach Erscheinen; Schiller äußerte sich mehrfach begeistert in seinen Briefen über seine Lektüre des Hymnus und hielt gar eine Vorlesung über die *Bildende Nachahmung des Schönen*.[62] Der Romantiker August Wilhelm Schlegel lobte

60 Joachim Heinrich Campe, *Moritz[.] Ein abgenöthigter trauriger Beitrag zur Erfahrungsseelenkunde*, Braunschweig 1789, S. 17 f.

61 Aufgeführt in Hans Joachim Schrimpfs Edition von Moritz' *Schriften zur Ästhetik und Poetik* (1962, Ausg.), S. 361 f.

62 Im Winterhalbjahr 1792/93. Vgl. die Vorlesungsnachschrift in *Schillers Werke. Nationalausgabe*, Bd. 21: *Philosophische Schriften. Zweiter Teil*, hrsg. von Benno von Wiese unter Mitw. von Helmut Koopmann, Weimar 1963, S. 77.

ebenfalls diese »vortreffliche Schrift« und resümierte die Kunstlehre der *Bildenden Nachahmung des Schönen.* Sowohl die Klassiker als auch der Romantiker bezogen sich aber fast nur auf den ersten Teil des Werks, das schon andere Zeitgenossen als dunkel und mystisch empfanden; den Schlussteil von Moritz' Abhandlung sparten sie von Bemerkungen aus. Goethe bemängelte in der wohlmeinenden Besprechung des Werks »die Gedrängtheit der Methode und des Stils« und riet dem Freund, »durch eine weitere Ausführung der hier vorgetragenen Sätze sie mehrern Lesern anschaulich und sowohl auf die Werke der Dichtkunst als der bildenden Künste allgemein anwendbar zu machen«.[63] Der Schluss aber sei rührend. Schiller redete von Schwärmerei[64] und der Romantiker August Wilhelm Schlegel bemängelte die »mystischen Irrgänge«, die Moritz nach der Bestimmung der Kunst als bildender Nachahmung einschlage.[65]

63 Goethe in seiner anonymen Besprechung des Werks im Juli 1789 in der Zeitschrift *Der Teutsche Merkur*, S. 105–111; vgl.: *»Über die bildende Nachahmung des Schönen« von Carl Philipp Moritz. Braunschweig, 1788 in der Schulbuchhandlung*, in WA I 47, S. 84–90, hier S. 90.

64 Friedrich Schiller an Caroline von Beulwitz, 3.[–6.] Januar 1789: »Es ist schwer zu verstehen, weil er keine feste Sprache hat, und sich mitten auf dem Wege philosophischer abstraction in Bildersprache verirrt, zuweilen auch eigene Begriffe mit anders verstandenen Wörtern verbindet. Aber es ist voll gedrängt von Gedanken, und nur zu voll gedrängt, denn ohne einen Commentar wird er nicht verstanden werden. Von Schwärmerey ist er nicht darinn frey, und Herderische Vorstellungsarten sind sehr darinn sichtbar« (*Schillers Werke. Nationalausgabe* [s. Anm. 4], S. 177).

65 August Wilhelm Schlegel, *Vorlesungen über schöne Litteratur und*

Die ambivalente Einschätzung kommt schon dadurch zustande, dass Moritz auf den fünfzig Seiten seiner Schrift sehr vieles angeht: er definiert das Schöne durch eine begriffliche Analyse; erklärt den Schaffensvorgang des Künstlers und gleichzeitig die Kunstrezeption durch die Laien, wobei er beidem eine spezielle Anthropologie zugrunde legt; und er erläutert am Ende des Textes in einer ungeheuren philosophischen Dimension den Lauf der Welt, indem er die gesamte Wirklichkeit als einen Prozess dauernder Umbildung des Seins versteht.

Mit »bildender Nachahmung« bezeichnet Moritz die besondere Art der Wirklichkeitsverarbeitung der Kunst: die vorgefundene Wirklichkeit (Natur) nicht einfach abmalt und kopiert, sondern sie ihrem Wesen, ihrem Prinzip nach, abbildet (»natura naturans«, nicht »natura naturata«); das bildende Moment dabei entsteht durch den Künstler, der in einem aktiven Gestaltungsprozess mit Hilfe der von Moritz hypothetisch angenommenen »Tatkraft« die Wirklichkeit zur Erscheinung bringt. Es ist eine unbestreitbare Leistung dieser innovativen Abhandlung, dass sie den alten Begriff von Kunst als Nachahmung von Wirklichkeit aufgibt und stattdessen einen differenzierten Prozess annimmt, in dem der Kunst wie der Natur auch ein eigenständiges Schaffensprinzip zugeordnet wird, nach dem sie Wirklichkeit organisiert. Gerade diese Bestimmung von Kunst als eine eigene Sphäre des Schönen, in der sinnlich erfahrbar und zweckfrei Wirklichkeit zur Erscheinung in

Kunst. Erster Teil (1801–1802): Die Kunstlehre, hrsg. von Jacob Minor, Heilbronn 1884 (Deutsche Litteraturdenkmale des 18. und 19. Jahrhunderts, Bd. 17), S. 103.

einem »edlen Stil« gebracht wird, hat die Weimarer Klassik interessiert.

Die Schrift lässt sich in drei Teile gliedern: auf einer ersten Ebene löst Moritz den Begriff des Schönen von den Vorstellungen des Wahren und Guten, mit denen die Kunst seit Platon im Dreigestirn von Wahrheit, Schönheit und Güte – also Metaphysik, Ästhetik, Ethik – aufgetreten war. Danach entwirft Moritz eine Ansicht des Künstlers als eines Genies, die auf die Künstlerverehrung der Klassik und Romantik weitergewirkt hat. Schließlich ordnet er seine Ansicht von Kunst und Genie noch in eine überaus spekulative Geschichtsphilosophie ein, die sich jeder logischen Überprüfbarkeit entzieht.

Der erste Teil beginnt mit einer trockenen Begriffsklärung zum Verständnis des »Schönen«, wobei Moritz durch eine Untersuchung des Sprachgebrauchs die Begriffe des Nützlichen, Guten, Schönen und Edlen voneinander unterscheidet; das Verfahren ist der Spätaufklärung geläufig und vermutlich durch die Lektüre des Artikels »Nachahmung« in einem Standardwerk der Zeit, der *Allgemeinen Theorie der Künste* des Berliner Aufklärers Johann Georg Sulzer, beeinflusst.[66] Moritz überdreht das Verfahren aber noch weiter in das eines negativen Ausschlusses, den er folgendermaßen umschreibt:

> »Nun kann aber nur die Vorstellung von dem, was das Schöne nicht zu seyn braucht, um schön zu seyn, und was als überflüssig davon betrachtet werden muß, uns auf einen nicht unrichtigen Begriff des Schönen füh-

66 Vgl. Albert Meiers Komm. in: Moritz, *Werke* 2, S. 1289.

> ren, indem wir uns alles, was nicht dazu gehört, um dasselbe her hinweg, und also wenigstens den wahren Umriß des leeren Raumes denken, wohinein das von uns Gesuchte, wenn es positiv von uns gedacht werden könnte, nothwendig passen müßte.« (S. 25)

Das Zitat, das auf den ersten Blick an eine moderne negative Dialektik erinnert, vermittelt einen guten Eindruck von Moritz' Stil. Sein Definitionsversuch geht von einem strukturellen Zusammenhang der Sprachbegriffe aus, umschreibt diesen mit räumlichen Metaphern, bemüht dazu auch die Konturlinie, die sämtliche Vorstellungen des Autors von Bildender Kunst beherrscht, und verunklärt in seinen schwankenden Zurücknahmen und Abschwächungen des kaum Formulierten das Gesagte. Für den Manierismus des Stils gibt es von der Sache her eigentlich keinen Anlass; vermutlich ist er dem Versuch geschuldet, den von dem Verleger geforderten besonders gehaltvollen Inhalt schon in einer vermeintlich passenden Stil-Lage zu markieren.

Das Ergebnis der Begriffsanalyse des Schönen entspricht dem schon 1785 in Berlin Formulierten: das Schöne ist das nicht Nützliche, das in sich selbst vollendet ist. Die begrifflichen Unterscheidungen selbst sind im Detail nicht ohne Gewaltsamkeit durchgeführt; auf die teilweise Luftigkeit dieses »Ideenspiels« hat man verschiedentlich hingewiesen.[67] Moritz begnügt sich nicht mit einer Erklärung des Schönen, sondern bringt mit der Kategorie des Edlen eine

67 Vgl. Sigmund Auerbachs Komm. in: Moritz, *Über die bildende Nachahmung des Schönen* (1888, Ausg.), S. XXIII; Meier (2000), S. 182 f.

ethische Kategorie ins Spiel, die er erst zur Abgrenzung vom Schönen nutzt und dann aber als innere Entsprechung zur äußeren Schönheit bestimmt, womit das Schöne an das Edle »festgekettet« (S. 21) wird. Am Schluss seiner Unterscheidungen steht, dass das Edle die »innre Seelenschönheit« (S. 19), das eigentliche Schöne aber »die Schönheit auf der Oberfläche« (ebd.), die äußere Gestalt, ist.

Zwar bestimmt Moritz das Schöne als das nicht Nützliche, aber seine Überlegungen zum Schönen sind von Anfang an eingespannt in ein ethisches Begriffsfeld, so dass die alte Verbindung des Wahren, Guten und Schönen, die seit der Antike behauptet wird, doch wieder über Umwege in die Ästhetik eintritt. Die Programmschrift der Autonomieästhetik ist in dem Sinne gar keine ausschließliche Ästhetik der Autonomie. Autonome Kunst bedeutet nicht, wie man heute annehmen könnte, ein ›absolutes‹ Kunstwerk; Autonomie heißt in Moritz' Verständnis nicht, dass er der Kunst jede moralische Würde abspricht, sondern nur Freiheit von vordergründigen moralischen, religiösen und pädagogischen Zwecken. Die Verbindung des Schönen und des Edlen beherrscht die Begriffsanalyse des ersten Teils und den spekulativen dritten Teil. Bei der Wahl seiner Beispiele ist Moritz dabei nicht zimperlich. Die edle Handlung bestimmt Moritz anhand eines alten antiken Tugendexempels, das in seinem düsteren Rigorismus heute eher an fanatische Selbstmordattentäter erinnert. Es ist das Beispiel des legendären jungen Römers Gaius Mutius Scaevola, der nach einem missglückten Versuch, den feindlichen König Porsenna zu ermorden, von diesem gefangen genommen und mit der Folter bedroht wird. Darauf hält Mutius seine rechte Hand ins Feuer und lässt sie stoisch verbrennen, als

Zeichen dafür, dass er nicht zu beeinflussen ist. Porsenna lässt ihn darauf frei. Bei der Wahl des Sujets[68] wurde Moritz vielleicht beeinflusst durch die Vorliebe der zeitgenössischen Künstlerkolonie für markante Historienbilder in der Nachfolge von Jacques Louis David.[69] Als Qualität des Edlen gilt ihm jedenfalls ein extremer Fall der Selbstverstümmelung, eine Gewalttat, die in allergrößtem Kontrast zur äußeren Schönheit steht.

Im zweiten Teil der Abhandlung beschäftigt sich Moritz vor allem mit dem Künstler als dem das Schöne Produzierenden und entwickelt dabei eine Genielehre, in die Geniekonzeptionen des 18. Jahrhunderts von Shaftesbury bis zum Sturm und Drang eingegangen sind. Damit das Schöne als sinnfälliger Zusammenhang eines in sich selbst Bestehenden überhaupt in Erscheinung treten kann, braucht es den Künstler. Moritz bestimmt diesen als einen Menschen, der im Unterschied zu anderen, nicht kreativ Begabten über ein besonderes schöpferisches Vermögen verfügt, die »Bildungskraft«. Der Künstlerpsychologie, die Moritz hier entwickelt, liegt eine Anthropologie zugrunde, die Menschen in Anlehnung an die Schulpsychologie über eine Anzahl sogenannter »Seelenvermögen« zu verstehen

68 Die Geschichte hatte Moritz wohl schon in seiner Jugend in der beliebten Sammlung der *Acerra philologica* gelesen; sie wurde über die Jahrhunderte ikonographisch kodifiziert als ein Beispiel der ›Vaterlandsliebe‹. Als Dekor konnte Moritz sie in Berlin etwa am Reiterstandbild des Großen Kurfürsten von Andreas Schlüter bewundern. Die Geschichte las Moritz wohl in Rom neu, als er den Livius studierte; die Geschichten brachte er den jungen Künstlern, die er kannte, nahe.

69 Vgl. Sedlarz (2005), S. 85 f.

sucht. Dies sind der »äußere Sinn« (»Auge und Ohr«), die Einbildungskraft (die aus den äußeren Sinnesempfindungen Vorstellungen bildet), die »Denkkraft« als begrifflich-logische Geisteskraft und schließlich auf der obersten Stufe der Seelenvermögen die »Tatkraft«. Der missverständliche Begriff meint bei Moritz eine Art von Lebenstrieb, eine dynamische Energie, die sich je nach schöpferischem Grad entweder beim Künstler produktiv als »Bildungskraft« oder beim Kunstbetrachter rezeptiv als »Empfindungskraft« äußert:

> »In der Thatkraft liegen nämlich stets die Anlässe und Anfänge zu so vielen Begriffen, als die Denkkraft nicht auf einmal einander unterordnen; die Einbildungskraft nicht auf einmal neben einander stellen, und der äussre Sinn noch weniger auf einmal in der Wirklichkeit ausser sich fassen kann.« (S. 32)

Der schaffende Künstler ist vor allem durch die Bildungskraft ausgezeichnet, die ihn befähigt, wie die schaffende Natur etwas hervorzubringen, kein einfaches Abbild der Natur, sondern eine Umsetzung der Natur in ein für die menschliche Einbildungskraft nachvollziehbares Modell:

> »Jedes schöne Ganze aus der Hand des bildenden Künstlers, ist daher im Kleinen ein Abdruck des höchsten Schönen im grossen Ganzen der Natur; welche das noch mittelbar durch die bildende Hand des Künstlers nacherschafft, was unmittelbar nicht in ihren grossen Plan gehörte.« (S. 29 f.)

In dieser Typologie gesteht Moritz dem Künstler alles zu, während die Individuen, die zu schöpferischem Hervorbringen nicht fähig sind, bei Moritz nur zweitklassig gewertet werden. Diese maßlose Verehrung des Künstlers als eines besonderen Menschen und die Abwertung aller anderen als beschränkte Dilettanten hat vor allem Herder und Goethes ›Urfreund‹ Knebel in Weimar erzürnt, die in Moritz' Künstlerkult wohl zu Recht dessen persönliche Verehrung für Goethe am Werk sahen.

Im dritten und letzten Teil der Abhandlung entwickelt Moritz nun eine idealistische Naturlehre des Schönen, die über den Schaffensprozess des Künstlers hinaus Kunst einordnet in die Geschichte überhaupt. Es ist der am modernsten und verstörendsten wirkende Teil des Textes, der, ganz anders als man es von einem Gründungsmanifest des Klassizismus erwarten würde, ein Panorama der Zerstörung als Hintergrund des schönen Kunstwerks entwickelt. Dabei nimmt Moritz fast darwinistisch einen Kreislauf des Werdens und Vergehens in der Natur an, in der ein »vollkommneres« Wesen immer das »unvollkommnere« verdrängt. In diesem allgemeinen Naturprozess wirkt das Vermögen der »Tatkraft«, das Moritz vorher in den Individuen behandelt hatte, als objektives Prinzip, in den gegensätzlichen Ausprägungen von Bildungs- und Zerstörungskraft.

In diesem ständigen Umbildungsprozess wird menschliches Leid naturgemäß verursacht; dem Prozess gibt Moritz aber dadurch Sinn, dass er bei allem Leid des Individuums, das durch stärkere Gewalt verdrängt wird, doch die »Gattung« Mensch fortschreiten sieht: »Und das Individuum muß dulden, wenn die Gattung sich erheben soll«. Hier kommt nun die Kunst ins Spiel; in den schönen Kunstwerken, sei es Malerei oder Literatur, kommt der chaotische Lebensprozess, die Umbildung aller Dinge, zur Ruhe. Das Leid und der Schmerz, den der Einzelne in der geschichtlichen Wirklichkeit fühlt, werden in der schönen Form aufgehoben:

> »Sobald die Erscheinung in der Gattung, über die Wirklichkeit in dem Individuum gesiegt hat, geht das bittersteLeiden, durch das über die Individualität erhabne Mitleid, in die süsseste Wehmuth über; und der Begriff des höchsten Schädlichen in der Wirklichkeit, lößt sich in den Begriff des höchsten Schönen in der Erscheinung, auf.« (S. 51)

Über die Wertung dieser schönen Erscheinung gibt es kontroverse Ansichten in der Forschung. Moritz wurde zum Teil Ästhetizismus vorgeworfen, weil er gegen das ganze Potential an Gewalt und Leiden in der Wirklichkeit nur an die Kunst als ein Ausgleichsmittel gedacht habe; einige Sätze der *Bildenden Nachahmung* lesen sich tatsächlich auch so, als ob für Moritz die Existenz eines bedeutenden Kunstwerks das Leid in der Wirklichkeit aufwiege. Bei diesen missverständlichen Sätzen hat man wohl eher mit der Übertreibung als rhetorischem Mittel zu tun, die Moritz schon in seinem früheren Aufsatz in der *Berlinischen Monatsschrift* polemisch eingesetzt hat, als einer inhumanen Auffassung von Kunst. Gegen die Wertung der Schrift als ästhetizistischen Programms spricht aber deutlich der Schluss des Textes, der im Begriff des Mitleids wieder den Bogen von der Bestimmung des Schönen zum moralischen Verhalten des Edlen schlägt. Das Kunstwerk – in Moritz'

Beispiel Homers Epos *Ilias* – bewahrt edle Handlungen von einzelnen Menschen auf, die durch Leid geprägt wurden. Der Betrachter des Kunstwerks nimmt darin den leidenden Menschen wahr und solidarisiert sich mit ihm im Mitleid:

> »Höher aber kann die Menschheit sich nicht heben, als bis auf den Punkt hin, wo sie durch das Edle in der Handlung, und das Schöne in der Betrachtung, das Individuum selbst aus seiner Individualität herausziehend, in den schönen Seelen sich vollendet, die fähig sind, aus ihrer eingeschränkten Ichheit, in das Interesse der Menschheit hinüber schreitend, sich in die Gattung zu verlieren.« (S. 50)

Im Mitleid wird der Egoismus überwunden und eine Gemeinschaft hergestellt, wozu das Schöne seinen Beitrag leistet. In dieser Auslegung von Moritz' Prinzip der »bildenden Nachahmung« hat das Schöne durchaus seinen Wert für die Gemeinschaft, weil es menschliches Leid mitteilbar macht und gleichzeitig in der Form aufhebt.

Der hymnische Ton des Traktats überspielt hier etwas die Radikalität des Szenarios, das Moritz als Hintergrund für seine Auffassung von Kunst entwirft. Er bezieht sich auf die *Ilias* und deutet Helena, die das Gemetzel des Trojanischen Kriegs auslöste, als Allegorie der Schönheit. Wichtiger ist aber der weniger deutliche Hinweis auf den Tod des trojanischen Helden Hektor, zu dem Moritz lapidar bemerkt: »Das Geklirr der Waffen, und das Geschrei der Sterbenden muß gen Himmel tönen – Hektor muß fallen, und Hekuba ihr Haar zerraufen« (S. 52). Hektor wird bekanntlich von Achill auf dem Schlachtfeld vor Troja erstochen, und die Mordtat durch die Göttin Athene, Achills Beschützerin, vorbereitet durch ein perfides Verwechslungsspiel: Athene nimmt die Gestalt von Hektors Bruder an und verleitet ihn in dieser Maske dazu, dem überlegenen Achill in einem aussichtslosen Kampf gegenüberzutreten. Das Phantom des Bruders löst sich schließlich auf, Achill tötet mit Hilfe der Göttin Hektor und schleift den Leichnam erbarmungslos vor den Augen von Hektors Mutter Hekuba dreimal um die Stadt, um ihn dann den Hunden vorzuwerfen. Zum Wirklichkeitsfonds gehört dieser drastische Ausbruch von Gewalt, den Moritz ohne moralische Bewertung als Bestandteil der Wirklichkeit gelten lässt.

Bei aller modernen Lesern fernen Diktion bietet Moritz hier eine tragische Sicht der Wirklichkeit an, die auch heute ihre Berechtigung hat. Er handelt von einer Welt, in der Tod, Gewalt und Zerstörung herrschen, und von der Frage, wie der Einzelne in diesem nicht zu kontrollierenden Umfeld auftreten kann. Moritz löst die Frage, indem er das Böse und den Tod akzeptiert als notwendigen Teil der Welt. Dem Menschen ist darin als Einziges »Duldung« – Leid – zugeschrieben. Lediglich in der Kunst lässt sich dieser Notwendigkeit entkommen. Die Ähnlichkeit dieser Konzeption zu Friedrich Nietzsches viel späterer Schrift über das Dionysische und Apollinische drängt sich auf. Die höchste Kunst ist für Moritz eine, die das Maß an Negativität in der Welt nicht verdrängt, sondern es im Kunstwerk anwesend hält. Das qualitativ beste Kunstwerk ist insofern ein Werk, bei dem die Zerstörung immer andeutungsweise präsent ist; eine modern anmutende Auffassung von Kunst, die keine Idyllen zeigt, sondern das Beunruhigungspotential der Wirklichkeit gestaltet.

Der »rührende Schluß«[70] der Abhandlung verweist darauf, dass das Schöne »ist«. Der emphatische Tonfall, mit dem am Ende festgehalten wird, dass der Einzelne sich mit seiner Vergänglichkeit abfinden müsse, ist durch teleologische Entwürfe der Aufklärung beeinflusst. Ähnlichkeiten in der Formulierung legen nahe, dass Moritz Immanuel Kants Aufsatz *Idee zu einer allgemeinen Geschichte in weltbürgerlicher Absicht* (1784) kannte, worin Kant bei einer skeptischen Sicht des menschlichen Wesens eine Perspektive zur Verbesserung der Gattung entwirft. Anders als Kant aber nimmt Moritz nicht an, dass die Geschichte durch ein ihr inliegendes Prinzip zum Besseren fortschreitet. Nachweislich hat Moritz in Rom zwei Werke von Herder gelesen, die ebenfalls von einer Entwicklungsperspektive des Menschen handeln: einmal Herders Schrift *Gott. Einige Gespräche* (1787), worin dieser in fünf Dialogen zwischen einem Anhänger des ›pantheistischen‹ Philosophen Baruch de Spinoza und Zweiflern sein durch den deutschen Aufklärungsphilosophen Leibniz geprägtes Spinoza-Pantheismus-Bild vermittelt. Goethe berichtet über Moritz' Lektüre des Werks: »Moritz ist dadurch wirklich aufgebaut worden, es fehlte gleichsam nur an diesem Werke, das nun als Schlussstein seine Gedanken schließt, die immer aus einander fallen wollten.«[71] Als »Schlußstein« diente Moritz aber das dynamische Wirklichkeitsverständnis Herders, der das Dasein als miteinander verwobenes, vergängliches und sich stets wandelndes Kraftfeld betrachtete. In den

70 Goethe, Besprechung von Moritz' *Über die bildende Nachahmung des Schönen* (s. Anm. 63), S. 89.

71 Goethe, *Italiänische Reise III. »Den 6. September [1787]«* (s. Anm. 50), S. 76 f.

Dialogen über Gott entwickelt Herder ein spinozistisches Verständnis von Wirklichkeit, das nicht mehr von einem persönlichen Gott ausgeht und das im Grunde ›atheistisch‹ ist. Hierin konnte Moritz den Begriff der wirkenden Kraft finden, den er in seinem Prinzip der »Tatkraft« verwendet. Die Welt ist für Herder ein Energiefeld, das nicht vom Gedanken regiert wird, sondern vom »Dasein« als »Grund und Inbegriff aller Kräfte«[72]; in ihr haben auch die Gegensätze ihren Platz: »Weil alles in der Welt daist [sic!], was sein kann: so muß auch das Entgegengesetzte dasein [sic!] und ein Gesetz der höchsten Weisheit muß eben aus diesem Entgegengesetzten [...] ein System bilden.«[73] Herder führt aus:

> »Das Dasein ist ein unzerteilbarer Begriff, ein Wesen. Es kann so wenig in ein Nichts verwandelt werden, als wenig es ein Nichts ist oder die Gottheit könnte sich selbst vernichten. Ich rede hier nicht von Erscheinungen, von Zusammensetzungen irgend einer Gestalt in dem, was wir Raum und Zeit nennen. Alles, was erscheint, muß auch verschwinden; jedes Gewächs der Zeit trägt auch zugleich den Keim der Verwesung in sich, der da macht, daß es in seiner Erscheinung nicht ewig daure. Was zusammengesetzt ist, wird aufgelöst: denn eben diese Zusammensetzung und Auflösung heißt Weltordnung und ist das immer wirkende Leben des Weltgeistes. Ich

72 Johann Gottfried Herder, *Gott. 4. Gespräch*, in: J. G. H., *Werke in zehn Bänden*, Bd. 4: *Schriften zu Philosophie, Literatur, Kunst und Altertum 1774–1787*, hrsg. von Jürgen Brummack und Martin Bollacher, Frankfurt a. M. 1994, S. 743.

73 Ebd., 5. *Gespräch*, S. 783.

rede also auch selbst noch nicht von der Unsterblichkeit einer Menschenseele und bin gar nicht willens, Ihnen Phantome der Einbildungskraft vorzuzeichnen, wie sie im Raum und in der Zeit, d. i. in der großen Weltordnung andre Organe annehmen und ihre Kräfte neu üben werden. Wovon wir reden ist ein einfacher Begriff, das Dasein, an welchem das niedrigste mit dem obersten Wesen Teil hat. Nichts kann untergehen, nichts vernichtet werden oder Gott müßte sich selbst vernichten; aber alles Zusammengesetzte wird aufgelöset alles was Ort und Zeit ausmißt, wandert. Da nun im unendlichen Dasein alles liegt, was sein kann und ist; wie Endlos wird die Welt [...] Endlos nach Raum und Zeit und in sich selbst beständig.«[74]

In diesem notwendigen Zusammenhang alles Daseins hat auch die Zerstörung ihren Platz, wie Theophron seiner die Hinfälligkeit alles Daseins ins Spiel bringenden Gesprächspartnerin Theano entgegnet. Theano meint:

»Ist nicht ein Zwang darin, daß Eine Kraft die andre überwältigt, sie an sich zieht und mit ihrer Natur vereinigt? Wenn ich bemerke, daß alles Leben der Geschöpfe auf der Zerstörung andrer Gattungen ruhe, daß der Mensch von Tieren, Tiere von einander oder auch nur von Pflanzen und Früchten leben: so sehe ich freilich Organisationen, die sich bilden, aber die zugleich andre zerstören, d. i. Mord und Tod in der Schöpfung. Ist nicht ein Gräschen, eine Blume, eine Frucht des Baums, end-

74 Ebd., S. 770 f.

lich ein Tier, das dem andern zur Speise wird, eine so schöne Organisation, als die Organisation dessen ist, der es zerstörend in sich verwandelt? Vertreiben Sie mir diese Wolke, Theophron, die sich mir wie ein Schleier vors Angesicht der Sonne ziehet, die mir aus jedem Geschöpf strahlte.«[75]

Darauf entgegnet Theophron, »daß ohne diesen scheinbaren Tod in der Schöpfung alles wahrer Tod, d.i. eine träge Ruhe, ein ödes Schattenreich wäre, in welchem alles wahre, wirksame Dasein erstürbe«, und entwirft die Sicht einer Welt in ewiger Verwandlung, »ein Fortrücken aus dem Chaos zur Ordnung, eine innige Vermehrung und Verschönerung der Kräfte«.[76]

Neben dem Buch über Gott hat Moritz auch den dritten Teil von Herders großangelegter Schrift *Ideen zu einer Philosophie der Geschichte der Menschheit* gelesen, das nach Goethes Zeugnis den Freund so beeindruckt hat, dass er »über das Ende ganz außer sich« war.[77]

Anders als Herder, der optimistisch die Wirklichkeit als von Güte und Weisheit bestimmt sieht, hebt Moritz eher den tragischen Aspekt der Verdrängung des Einzelnen durch andere hervor. Dies ist sicher einer der Gründe, weshalb Herder die Schrift »ganz ungenießbar« im Ganzen fand. Ein weiterer ist sicher der, dass Moritz letztlich das Schöne als Gottesersatz metaphysisch aufwertet.

Es trägt zu den Leseschwierigkeiten dieses Traktats bei,

75 Ebd., S. 787.
76 Ebd., S. 787 und 790.
77 Goethe, *Italiänische Reise III. »Rom, den 10. Januar [1788]«* (s. Anm. 50), S. 212.

dass Moritz seinen abstrakten Begriffen immer wieder neue Bedeutungsschichten unterschiebt und sie so diffus werden. Meinte er mit dem Schönen erst eine Eigenschaft schöner Objekte (gekennzeichnet durch eine innere Geschlossenheit und selbstbezügliche Struktur), dann eine Strukturähnlichkeit schöner Kunstwerke zum Ganzen der Natur, so lädt er schließlich die Kategorie noch weiter auf zu einem allerhöchsten geheimnisvollen, hinter aller Wirklichkeit stehenden Prinzip. Der Schluss der *Bildenden Nachahmung* spricht vom »ewigen Schönen«, »das, über Zerstöhrung und Bildung selbst erhaben, in der Himmelswölbung und auf der stillen Meeresfläche ruhend, sich uns am reinsten darstellt«:

> »Wo nun die Auflösung eines Wesens unsrer Art, am unmittelbarsten durch die schönen Verhältnisse des Ganzen selbst bewirkt wird, und in der edelsten Bildung dieses Wesens selbst sich gründet, da scheinet in der Darstellung seiner Leiden, die immerwährende Auflösung unsres eignen Wesens, auf einige Augenblicke, uns bewußt zu werden, indem uns dünkt, als ob, im schönen Wiederschein herbeigezaubert, ein Stück aus jenem grossen Zirkel vor uns schwebte, in welchen unsre kleinere Laufbahn sich einst verlieren wird.–« (S. 56)

In dem gedrängten Text der *Bildenden Nachahmung* überlagern sich verschiedene Bedeutungsschichten, die seine Interpretation erschweren. Innerhalb der Ästhetikgeschichte lässt sich diese Schrift ideengeschichtlich an verschiedene Problemkomplexe anschließen, für die Moritz eine Lösung anbietet: den Begriff der Mimesis, die Bestimmung von Kunst als einer Umbildung und Neubildung von Wirklichkeit, die Rolle des Künstlers, die Begründung einer eigenen ästhetischen Sphäre als eines Raums, der von Nützlichkeit frei ist. Die Begriffe der Auflösung, der Zerstörung, des Opfers, die Moritz ausgiebig im Schlussteil dem Leser förmlich aufdrängt, entstammen einer anderen Schicht, die Moritz selbst lebensgeschichtlich geprägt hat: nämlich der quietistischen Mystik. Diese »Lieblingsideen« lassen sich leicht wiederentdecken in Moritz' autobiographisch getöntem Roman *Anton Reiser* als Leiden am eigenen Dasein, als Lust, sich selbst aufzulösen, und als Eingang in ein mystisches Nichts, das alles Eigeninteresse auslöscht. Robert Minder hat schon früh darauf hingewiesen, dass alle Bestimmungen, die Moritz in der *Bildenden Nachahmung* für das Schöne fordert, als Übertragungen aus der religiösen Sphäre gewertet werden können.[78] Es sind religiöse Erlebnisformen, die Moritz hier ins Spiel bringt, mit denen viele Leser nichts anfangen konnten, weil sie auf eine sehr spezielle Individuation des Autors selbst verweisen und einen Opferkult der Auflösung propagieren. Von psychoanalytischer Seite ist deshalb das Wesen von Moritz' Ästhetikkonzeption durchaus als fragwürdig befunden worden.[79]

78 Vgl. Minder (1974).
79 Vgl. Cech (2001).

4. *In wie fern Kunstwerke beschrieben werden können?*

Der bedeutungsschwere Traktat von der Nachahmung des Schönen endete begeistert mit der kaum zu überbietenden Feststellung, dass das Schöne »ist« und sich kaum etwas Erhabneres darüber sagen lasse. Moritz hat es bei dieser Grenze nicht belassen; etwa im gleichen Zeitraum wie die *Bildende Nachahmung* entstand der Aufsatz *In wie fern Kunstwerke beschrieben werden können?*; er ist auch unter dem Titel *Die Signatur des Schönen* in einer leicht veränderten Fassung aus dem Jahr 1793 bekannt geworden. In dem schwierigen Essay behandelt Moritz nicht nur das Problem, wie man Kunstwerke angemessen beschreiben könne, sondern reflektiert über den Unterschied zwischen den verschiedenen Künsten, hier zwischen Malerei und Bildhauerei auf der einen und der Dichtung auf der anderen Seite, und denkt seine ganzheitliche Kunsttheorie weiter. Wie der große Traktat ist der Essay kryptisch formuliert.

Über die Entstehung dieses Aufsatzes wissen wir etwas mehr als über die beiden vorher behandelten Werke. Moritz erwähnt am 7. Juni 1788 in seinem Brief an Goethe, dass »die akademische Monathsschrift in Berlin Beschreibungen von Kunstwerken verlang[e]« und dass er für diese an einem Aufsatze, »in wie fern Kunstwerke beschrieben werden können«, arbeite.[80] Der Essay ist also auf ein ganz bestimmtes praktisches Bezugsfeld hin geschrieben, das die 1788 neugegründete Zeitschrift der Berliner Akademie der Künste umriss. Das kurzlebige Journal – es erschienen nur zwei Jahrgänge – wurde von dem Prediger und 1788 als Se-

80 Zit. in: Eybisch (1909), S. 231.

kretär der Akademie angestellten Andreas Riem herausgegeben. Er wollte darin »angenehme und nützliche Abhandlungen« veröffentlichen, die der »Allgemeinheit eines guten Geschmacks, der Ermunterung nützlicher und großer Talente, zur Unterstützung der Industrie, und zur angenehmen und nützlichen Unterhaltung« dienen sollten.[81] Es war nicht der Zweck einer losgelösten ästhetischen Theorie, den er verfolgte, sondern die Förderung der einheimischen preußischen Kunstindustrie; das Ziel der neuen Zeitschrift war Nützlichkeit.

Eigentliche Beiträge zur Theorie der Künste sind darin eher selten, vor allem gibt es Hinweise zur Zeichnung und Malerei von den Lehrern und Mitgliedern der Akademie, auch eine langatmige Übersicht über allegorische Formen von Ramler, Überlegungen über die Gemeinnützigkeit der Künste, einige Reden von und für den Kurator der Akademie Friedrich von Heinitz und einige wenige Beschreibungen von Kunstwerken, die Moritz wohl gelesen haben muss. So lieferte der Berliner Schriftsteller Johann Georg Müchler die *Beschreibung eines Gemähldes, eine schlafende Venus darstellend*;[82] ferner gab es in »Briefen aus Rom« eine *Nachricht, einige der vorzüglichsten, neuerlich in Rom verfertigten, Gemählde betreffend.*[83] Diese Kunstbeschreibungen sind herkömmlich gehalten nach der Weise, wie seit der Renaissance und besonders seit dem Barock Kunstwerke nach einem äußerlich vorgegebenen Kategoriensystem

81 Andreas Riem, Einleitung des 1. Stücks, Januar 1788, S. 4 und 5.
82 *Beschreibung eines Gemähldes, eine schlafende Venus darstellend, in Lebensgröße auf eine Leinwand gemahlt, von einem der besten italiänischen Meister*, in: Bd. 1, 1788, S. 92–95.
83 Bd. 2, S. 46–48 und 92–94.

bewertet wurden: etwa nach den Rubriken Erfindung, Zeichnung (*disegno*), Farbgebung (Kolorit), Beleuchtung, Faltenwurf (Draperie) usw.[84] Der Briefschreiber aus Rom gibt etwa in seiner Beschreibung eines Historienbildes des Malers Vignalis »über die Aufnahme des Pyrrhus bey dem Glaukias« erst einmal ausführlich den Inhalt des Bildes wieder, erläutert es also ikonographisch bzw. ikonologisch; danach folgt eine pauschale Einordnung:

> »Die Composition ist vortreflich; die Drapperien sind ganz besonders glücklich; die Haltung und das Colorit fast durchgehends gut, und so viel Seele im ganzen Gemählde, daß man nur ungern tadelt, und einige obgleich auffallende Fehler in der Zeichnung verzeiht. Die Figuren sind etwas über halb Lebensgröße.«[85]

Gegen diese abfragbaren Pauschalangaben für Kunst hatte sich schon der Begründer der deutschen Kunstgeschichte Johann Joachim Winckelmann gewandt. In seiner *Geschichte der Kunst des Alterthums* (1764) setzte er in seinen Beschreibungen der Statuen im römischen Belvedere Maßstäbe für ein Eingehen auf die jeweilige Besonderheit des Kunstwerkes. Von einem historischen Bewusstsein für Kunst ausgehend, forderte Winckelmann Einfühlung und Aufmerksamkeit für das Individuelle; in seinen Beschreibungen der Statuen des Apollo, des Torsos von Herakles oder der Laokoon-Gruppe versuchte er das Besondere der Kunstwerke in einer poetischen Sprache wie-

84 Vgl. dazu Osterkamp (1991), S. 92–100.
85 Bd. 2, 1788, S. 93 f.

derzugeben, die bis zur Nachbildung homerischer Hexameter reichte.[86]

Auf Winckelmanns epochemachende Beschreibungen bezog sich auch Moritz in seinem Aufsatz. In dem erwähnten Brief an Goethe vom Juni 1788 nennt Moritz ausnahmsweise einmal einige seiner Quellen für den aktuellen Aufsatz: »Ich habe dabei Winkelmanns Beschreibungen von Apollo und Laokoon nachgelesen, und sie mir zu zergliedern gesucht. – auch habe ich die homerische Beschreibung des Schildes sehr aufmerksam durchgelesen.«[87] Die Statuenbeschreibungen fand Moritz in der *Geschichte der Kunst des Alterthums*; mit der Beschreibung des homerischen Schilds bezog er sich auf die berühmteste antike Ekphrasis (Bildbeschreibung), die für die abendländische Literatur (Vergil, Tasso) von Folgen war: die Beschreibung des Schildes des Helden Achilles, die Homer im 18. Gesang der *Ilias* (V. 478–607) gibt. Es handelt sich um ein fiktives Kunstwerk, eine Arbeit des Schmiedegottes Hephaistos, der für den Helden Achill eine neue Rüstung schmiedet, da der Trojaner Hektor dessen Rüstung bei der Tötung von Achills Freund Patroklos erbeutet hat. Die Bilder auf dem Schild stellen die gesamte griechische Welt dar, umgrenzt von Sonne, Mond, Himmel und dem Okeanos.

Die eigentlich maßgebliche Quelle für seinen Aufsatz, eine für das europäische Denken über Kunst überhaupt wichtige, hat Moritz verschwiegen. Sie erklärt auch sein In-

86 Vgl. Winckelmann (1964), S. 309 f., 292–294 und 276–278 zum Apoll von Belvedere, zum Torso von Herkules und zur Laokoon-Gruppe.

87 Zit. nach: Eybisch (1909), S. 231 f.

teresse an der homerischen Schildbeschreibung, denn in ihr ist diese beispielhaft für eine poetische Schilderung zitiert. Die Rede ist von Gotthold Ephraim Lessings Abhandlung *Laokoon oder über die Grenzen der Mahlerey und Poesie* (1766). Im *Laokoon* kritisierte Lessing die antike These, dass Malerei eine stumme Poesie und Dichtung eine redende Malerei sei (das alte Prinzip »ut pictura poesis«), und formulierte dagegen besondere Einsichten in die Verfahrensart der Bildenden Künste und der Literatur. Er unterschied darin die natürlichen, unmittelbar anschaulichen Zeichen der Bildenden Künste von den künstlichen, durch Worte vermittelten, der Literatur. Für Lessing konnte von daher nur die Dichtung Geschichten erzählen, da sie ihre Zeichen zeitlich hintereinander anordnen kann, während die Malerei nur einen Augenblick gestalten könne. Moritz setzt diese Unterscheidung fort. Für ihn gibt die Malerei bzw. Plastik das Bild »auf einmal vor unserm Auge« (S. 67), die Dichtung muss dagegen »oft erst einen sehr weiten Umweg nehmen« (ebd.), um dasselbe Bild zu vermitteln.

Von daher erklärt sich auch sein Interesse an der homerischen Schildbeschreibung. Lessing hatte diesem Text so viel Aufmerksamkeit gewidmet, weil er als mögliches Gegenbeispiel für seine These, dass Poesie keine stumme Malerei sei, herangezogen werden konnte. Im *Laokoon* zeigt nun Lessing, dass Homer in dieser antiken Ekphrasis nicht den fiktiven Schild des Achill einfach aufzählend abmale, sondern dass er die Entstehung dieses Kunstwerkes darstelle und darauf enthaltene Szenen in zeitlicher Folge erzähle, damit »aus der langweiligen Malerei eines Körpers, das lebendige Gemälde einer Handlung« mache und somit also ›konsekutiv‹ verfahre:[88] »Homer malet nämlich das Schild nicht als ein fertiges vollendetes, sondern als ein werdendes Schild. [...] Wir sehen nicht das Schild, sondern den göttlichen Meister, wie er das Schild verfertiget.«[89] Damit war der mediale Unterschied der Künste bestätigt. Für Moritz war die Schildbeschreibung aber noch in anderer Hinsicht interessant: nämlich als Kunstwerk innerhalb des umfassenden Kunstwerks der *Ilias*. Der Schild spiegelt nämlich das Geschehen der *Ilias* auf einer übergeordneten Ebene. Er zeigt Bilder des Kriegs und Friedens und den »ewigen Einklang im lebendigen Widerspiel gegensätzlicher mit- und gegeneinander wirkender Kräfte«,[90] wirkt damit also als ›Beschreibung‹ der *Ilias*-Dichtung selbst. Insofern bot dieser musterhafte antike Text ein Beispiel dafür, wie man in ›schöner‹ Form über Schönes und dabei das in der *Ilias* enthaltene Deutungspotential reden konnte.

Wie schon Lessing in seiner *Laokoon*-Schrift greift Moritz in seinem Essay den berühmten Kunsttheoretiker Winckelmann an. Winckelmann hatte in seiner Schrift *Versuch über die Allegorie* (1766) die Allegorie als höchste Form der Kunstschönheit empfohlen – die Allegorie also

88 Lessing, *Laokoon*, Erster Teil, Kap. XVIII und XIX; zit. nach: Lessing (1996), S. 115–129, bes. S. 119 f., hier S. 120.

89 Ebd., Kap. XVIII, zit. nach: Lessing (1996), S. 120. Vgl. Lessings Fußnote, ebd, S. 121: »Mit wenig Gemälden machte Homer seinen Schild zu einem Inbegriffe von allem, was in der Welt vorgehet.«

90 Schadewaldt (1991), S. 192. Der Schild des Achilleus zeigt nach dieser Deutung im Kleinen die gesamte Welt des Heldenepos *Ilias*; geordnet nach dem »Prinzip des Gegensatzes« und der »inneren Polarität, in der das Gegensätzliche sich gegenseitig bedingt und hält und je das umfassende Ganze darstellt« (ebd., S. 186).

als Personifikation abstrakter Bedeutungen wie der ›Standhaftigkeit‹, der ›Fortuna‹ oder des ›Morgens‹ – und versucht, die einzelnen Teile des Kunstwerks zu benennen. Dieses Prinzip der Allegorie widersprach Moritz' Auffassung des Kunstwerks als eines sinnlich in die Augen fallenden Ganzen und notwendig in sich selbst Verknüpften, weil so das Kunstwerk nur ein Zeichen für etwas Abstraktes wäre. Die zerlegende Beschreibung nahm Moritz wahr als Zerstörung der inneren Form des Kunstobjekts:

> »Denn darinn besteht ja eben das Wesen des Schönen, daß ein Theil immer durch den andern und das Ganze durch sich selber, redend und bedeutend wird – daß es sich selbst erklärt – sich durch sich selbst beschreibt – und also außer dem bloß andeutenden Fingerzeige auf den Inhalt, keiner weitern Erklärung und Beschreibung mehr bedarf.
>
> So bald ein schönes Kunstwerk, außer diesem Fingerzeige, noch einer besondern Erklärung bedürfte, wäre es ja eben deswegen schon unvollkommen: denn das erste Erforderniß des Schönen ist ja eben seine Klarheit, wodurch es sich dem Aug entfaltet.« (S. 60 f.)

Winckelmanns berühmte Evokation des Apolls von Belvedere kritisierte Moritz scharf wegen seiner allegorischen Tendenzen und kam zum Schluss: »Diese Beschreibung hat daher auch der Betrachtung dieses erhabenen Kunstwerks weit mehr geschadet, als genutzt, weil sie den Blick vom Ganzen abgezogen, und auf das Einzelne geheftet hat, welches doch bei der nähern Betrachtung immermehr verschwinden, und in das Ganze sich verlieren soll.« (S. 71)

In seiner überzogenen Polemik gegen den Ahnherrn der neueren Kunstgeschichte unterschlägt Moritz, dass dieser selbst die Möglichkeit einer Beschreibung von Kunstwerken in Frage stellte. Die Lösung, die Moritz für das Problem anbot, ist aber ungleich radikaler und äußerst modern. Er beschreibt sie in seinem Brief vom 9. August 1788 an Goethe:

»Mich hat die Abhandlung: in wie fern Kunstwerke beschrieben werden können? sehr weit geführt; weil sie zugleich die Bestimmung der Grenzen zwischen Bildung und Poesie mit in sich begreift. – Die Gedanken worauf mich diß geführt hat, und welche selbst eine Art von Poesie sind ergötzen mich ungemein, und machen mir oft sehr angenehme Stunden. – Denn was mir gegeneinanderstreitend und wiedersprechend schien, lößt sich immer mehr in dem Einen auf, daß nicht durch Worte, sondern durch Bildung sich selbst bezeichnet. [...] Das Resultat aus meinem bisherigen Nachdenken ist: daß das vollkommenste Gedicht, seinem Urheber unbewußt, allein die vollkommenste und richtigste Beschreibung des Meisterstücks der bildenden Kunst sey; so wie diß wiederum die vollkommenste Umkörperung oder verwirklichte Darstellung des Meisterwerks der Phantasie ist. – Hiebei kömmt es nun freilich auf das wie? an, welches ich aber selbst nicht anders, als mit einer Art von poetischen schwebenden Ausdrücken fassen kann, ob es mir gleich im Ganzen klar und deutlich vorschwebt.«[91]

91 Zit. nach: Eybisch (1909), S. 236 f.

Wenn das Schöne nicht begrifflich erfasst werden kann, sondern nur intuitiv durch die »Tatkraft«, wie Moritz in der *Bildenden Nachahmung* behauptet hatte, und wenn es ein für sich bestehendes Ganze ist – wie lässt sich dann überhaupt über das Schöne reden, ohne dieses zu zerstören? Moritz löst das Problem, indem er als angemessene Art des Redens über Kunst fordert, dass man darin nur das Schöne als Formprinzip wiedergebe, also darauf verzichte, die Teile des Kunstwerks aufzuzählen oder handwerklich zu beschreibende Einzelheiten über die Motive und die Machart des Werks zu geben. Stattdessen solle die Kunstbeschreibung sprachlich im Ganzen die Schönheit des Kunstwerks »spiegeln«:

> »Worte können daher das Schöne nicht eher beschreiben, als bis sie in der bleibenden Spur, die ihr vorübergehender Hauch auf dem Grunde der Einbildungskraft zurückläßt, selbst wieder zum Schönen werden. –« (S. 66)

Die Passage ist voraussetzungsreich. Im Wettstreit der Künste scheint Moritz der Malerei und Bildhauerei den Siegeskranz zuzusprechen; ihrer Darstellung durch Linien, durch die Kontur, gelingt es anschaulicher als der Sprache, die zeitlich hintereinander in mehreren aufeinanderfolgenden Lauten das Ganze auseinanderlegt, den inneren »Schatz von Vollkommenheit« abzubilden. Im Brief an Goethe vom 7. Juni 1788 heißt es programmatisch: »Das leuchtet mir aber doch immer mehr ein, dass in der körperlichen Gestalt im Grunde alles liegt.«

Dennoch findet Moritz mit dem eigentümlichen Begriff

der »Spur« eine Möglichkeit, das Anschauliche der Kunstwerke durch Sprache zu beschreiben. Der Begriff geht auf die Antike zurück; in Platons und später Plotins Schriften nimmt er eine wichtige Rolle ein. Zwei Bedeutungsstränge lassen sich im europäischen Denken unterscheiden: einmal der der Gedächtnisspur, sei sie in materieller Form als Spur in der Nervenbahn oder in ideeller Ausprägung, welche eine Empfindung an vorhergegangene Wahrnehmungen anschließt. Gedächtnis- oder Vorstellungsspuren wurden in der sensualistischen Philosophie des 18. Jahrhunderts oft diskutiert (z. B. von John Locke und Condillac). Eine zweite Überlieferungslinie bildet die neuplatonisch-christliche Metaphysik, »die das Verhältnis des Einen zum Vielen und Gottes zur Schöpfung einsichtig machen will. Bei Plotin ist jedes endliche Sein eine Spur, die das von ihm getrennte Eine hervorgebracht hat.«[92] Metaphysische und ›materialistische‹ Dimensionen kommen bei Leibniz zusammen, der in Auseinandersetzung mit John Locke eine Theorie entwickelte, die auf die platonische Spur Bezug nehmend Aussagen über die spiegelnde Monade machte.

Moritz' Auffassung der »Spur« vereinigt beide Bedeutungsdimensionen der Gedächtnisspur (als Engramm und Eindruck in der Knetmasse des Hirns) und der Seinslehre mit ihren neuplatonisch gefärbten Vorstellungen einer Reihe von Bildern, die letztlich auf den höchsten Ursprung der Bilderkette zurückverweisen. Vordergründig bezieht sich die Gedächtnisspur erst einmal auf die Übersetzung von Bildender Kunst in Sprache. Da Sprache in der Zeit erfolgt, muss die Einbildungskraft in dieser zeitlichen Di-

92 Gawoll (1989), S. 270.

mension Anschauung vermitteln; dies gelingt poetischer Sprache dadurch, dass sie nicht die Details der jeweiligen Plastik oder des jeweiligen Gemäldes abbildet, sondern das Verhältnis zwischen dem Ganzen des Kunstwerks und seinen Teilen durch Reim, Rhythmus u. a. wiedergibt. Da das Kennzeichen des Schönen seine Ordnung ist, kann deswegen ein Kunstmedium ein anderes spiegeln. So kann Moritz im Begriff der »letzten Spur« die Beschreibbarkeit von Kunstwerken dadurch herleiten, dass nicht Bilddetails, sondern reine Formverhältnisse wiedergegeben werden:

> »Das Allerverschiedenste kann daher immer in der letzten Spur, die es von sich zurückläßt, sich wieder gleich werden; wie denn alles was da ist, sich auf dem Punkte gleich wird, wo seine äußersten Spitzen in unserm Denken zusammentreffen und dort eine gemeinschaftliche Spur von sich zurücklassen, die mit nichts außer sich mehr Ähnlichkeit hat, und eben daher von allem was da ist, ohne Hinderung sagen kann: es ist.
>
> Auf die Weise kann nun auch auf dem Grunde der Einbildungskraft, da, wo die in ihr erweckten Bilder ihre letzte, leiseste Spur zurücklassen, durch das Zusammentreffen aller dieser Spuren etwas von allen den einzelnen Bildern ganz Verschiednes entstehen, das bloß die reinsten Verhältnisse in sich faßt, nach welchen das ganz voneinander Verschiedne sich um und zu einander bewegt.« (S. 67 f.)

Diese Form der Gedächtnisspur hängt aber zusammen mit der Verfasstheit der Wirklichkeit. Moritz' Aufsatz geht über das Titelthema der Übersetzbarkeit von Kunstwerken weit hinaus zu grundsätzlichen philosophischen Aussagen zur Übersetzbarkeit der Welt. Es ist die Rede von einer im Inneren der Natur verborgenen Vollkommenheit, die der Sterblichkeit nur »dunkel ahndet« und die sich im Schönen als göttliches Licht offenbart: »Das Licht, worinn sich uns das Schöne zeigt, kommt nicht von uns, sondern fließt von dem Schönen selber aus, und verscheucht auf eine Weile die Dämmrung um uns her« (S. 61). Solche sprachlichen Wendungen knüpfen an die philosophische Richtung des Neuplatonismus an, der von Shaftesbury und Leibniz bis zu Herder die deutsche Literatur beeinflusst hat.[93] Nach diesen spätantiken, auf der Philosophie Platons aufbauenden Vorstellungen gibt es einen Urgrund des Seins, der sich in verschiedene Seinsstufen in die Welt ausströmt, Abbilder also eines Urbilds erzeugt. Dessen Abglanz und Widerschein, so Moritz, kann der Mensch im Schönen wahrnehmen.[94]

Auf diesen metaphysischen Fonds von Moritz' Ideen weist auch der Ausdruck, den Moritz 1793 im neuen Titel des Beitrags eingeführt hat und der jeden Leser der *Bildenden Nachahmung* erstaunen muss. Der Begriff der »Signatur« stammt aus der Tradition der mystischen Philosophie und meint grundsätzlich eine Zeichenhaftigkeit der Naturdinge auf ein hinter ihnen liegendes göttliches Prinzip hin. Eine einflussreiche Schrift über *De signatura rerum* (dt.: ›Von der Geburt und der Bezeichnung aller Wesen‹) hatte der Mystiker Jakob Böhme 1622 vorgelegt; Moritz erwähnt die Böhme'schen Schriften in seinem Roman *Andreas Hartknopf*

93 Zur Überlieferung neuplatonischen Gedankenguts über Giordano Bruno, Shaftesbury und Leibniz vgl. Bezold (1984), S. 85–115.

94 Vgl. ebd., S. 95–102.

(1786), auch in der Beschreibung seiner Englandreise, und es ist anzunehmen, dass er zumindest Auszüge daraus schon in seiner Jugend über den Mystiker Tischer kennengelernt hat. »Signatur« heißt, dass alle Dinge der Natur in sich ein Zeichen tragen, das auf ihren göttlichen Ursprung verweist.

Wie schon in der *Bildenden Nachahmung* bietet Moritz hier für die Erklärung des Schönen philosophisches Übergepäck, das seine eigentliche Rede von dem in sich selbst vollendeten, klar ins Auge fallenden Schönen zu überfrachten scheint. Ist das Schöne nun eine im Anschauen erfahrbare Ordnung der Oberfläche, die sich klar zeigt, oder bloß ein Zeichen einer göttlichen Schöpfungsordnung, eine Spur von etwas Transzendentem? Der Aufsatz lässt in der Schwebe, inwieweit die Zeichenhaftigkeit der Welt ein vorgegebenes Wirklichkeitsprinzip ist oder eine Auffassungsart des Menschen. Für die Metaphysik spricht die neuplatonische Färbung des Essays, worin Moritz die Leistung der Kunst als Enthüllung eines verborgenen Seinsprinzips darzustellen versucht. Das Schöne sei überall verborgen, schreibt er, selbst hinter dem hässlichsten Objekt, es müsse nur enthüllt werden. Zieht man aber die wenige Jahre später erschienene italienische Reisebeschreibung heran, so wird deutlich, dass für Moritz nicht eine jenseitige göttliche Urschrift bestimmend ist, sondern der menschliche Verstand. Im Kapitel *Signatur des Schönen* in Moritz' Italien-Buch heißt es:

> »Ist nicht die Frucht, noch außerdem, daß sie für sich selbst besteht, zugleich für den nachdenkenden und forschenden Verstand, ein Zeichen von dem ganzen innern Wuchs des Baumes, an dem sie reift, und von der gehei-

men Verwandtschaft der Pflanze, mit der verschiedensten Bildung der umgebenden Welt? […] Lesen wir nicht in jedem kleinen Teile des Gebildeten die Spuren des Größern, das sich darin abdrückt? – Auf die Weise wird alles, was uns umgibt, zum Zeichen; es wird bedeutend, es wird zur Sprache.«[95]

Die Zeichen bilden hier nicht eine göttliche Ordnung ab, sondern sind eine Leistung der menschlichen Auffassungskraft, die in der Ordnung der ästhetischen Zeichen, im Stimmigen des Kunstwerks eine diesseitige Ordnung der Erfahrungswelt abbildet, ohne auf ein göttliches Urbild verweisen zu müssen.

Bei dem Erkennen und Beschreiben des Schönen in der Welt geht Moritz vom menschlichen Körper als höchster Naturform aus. Innerhalb der menschlichen Gestalt ist das Auge als Leitorgan definiert. Das Auge ist dabei sowohl aktivisch als auch passivisch gedacht: es nimmt einerseits die Konturen der Wirklichkeit wahr, und andererseits gestaltet es durch seinen Bau die Umwelt, es drückt den Dingen seine Spur auf. Der Mensch hinterlässt demnach als Sehender aktiv eine Spur in seiner Umgebung und ist durch die Art des Baus der Augen befähigt, das Widerspiel der »reinsten Verhältnisse« in der Welt wahrzunehmen.

Moritz deutet in einer eindrücklichen Passage die menschliche Gestalt als das höchste Schöne und als Signatur des Menschen (S. 62);[96] in diese Beschreibung sind

95 Karl Philipp Moritz, *Reisen eines Deutschen in Italien in den Jahren 1786 bis 1788. In Briefen, 3. Teil*, in: Werke 2, S. 745.

96 Vgl. Braungart (1994).

wahrscheinlich Gedanken aus der zeitgenössischen Lehre der Physiognomik eingegangen, welche die »unwillkührliche Natursprache im Antlitze, und dem ganzen Aeußerlichen des Menschen, oder auch nur der Schönheiten und Vollkommenheiten des menschlichen Gesichtes«[97] lesen wollte; und vermutlich hat Moritz auch Herders begeisterte Evokationen der menschlichen Gestalt in seiner bedeutenden Schrift *Plastik* (1778) gekannt.[98] Der Skulptur als Leitmedium des Klassizismus kommt Moritz entgegen, wenn er schreibt, dass die »Schönheit der menschlichen Gestalt am meisten [rührt], weil sie die inwohnende Vollkommenheit der Natur am deutlichsten durch ihre zarte Oberfläche schimmern [...] läßt« (S. 62). Seine Umschreibung des menschlichen Kopfes in der formalen Bewegung von »Wölbung« und »Scheidung«, von vereinigenden und trennenden Linien ist ein Musterbeispiel für eine immanente Interpretation eines Kunstwerks (S. 69, Z. 12 – S. 70, Z. 26).

Das Widerspiel der trennenden und vereinigenden Linien im menschlichen Gesicht und in der Form des Auges gibt eine Wirklichkeit preis, die der tragischen Weltsicht der *Bildenden Nachahmung* entspricht: es ist eine Welt voller Widersprüchlichkeit, deren Prinzip dialektisch verdeutlicht wird »durch die s i c h t b a r e Auflösung des Widerspruchs in der sanftesten Trennung des Zusammengefügten, und der innigsten Zusammenfügung des Getrennten« (S. 70). In seinen späteren Kunstbeschreibungen in der ita-

97 Johann Caspar Lavater, *Physiognomische Fragmente zur Beförderung der Menschenkenntnis und Menschenliebe*, Stuttgart 1984, S. 10.

98 Vgl. Herder (1994), S. 286–292 (*Plastik*, 3. Abschnitt).

lienischen Reisebeschreibung hat Moritz dieses Prinzip, Bewegungen und Gegenbewegungen im Kunstwerk aufzuzeigen, immer wieder benutzt. Bedenkt man, dass Winckelmanns berühmte Beschreibung der Laokoon-Gruppe dem Aufsatz zugrunde lag, könnte man diese ausgefeilte Beschreibung des menschlichen Gesichts als Antwort auf die frühere klassische Ekphrasis lesen, in der Winckelmann mit besonderem Bezug auf das klagende Gesicht des Laokoon das Mienenspiel in Bewegung und Gegenbewegung verdeutlicht und »unter der Stirn« des Laokoon den »Streit zwischen Schmerz und Widerstand, wie in einem Punkte vereinigt« sieht.[99]

Der Weltsicht der *Bildenden Nachahmung* entsprechen auch die Beispiele, auf denen Moritz seine Ausführungen über die Sprache des Kunstwerks aufbaut: es sind traditionelle Tugendexempel aus der römischen Antike wie Lucretia und Virginius, außerdem der gewalttätige Mythos von Philomele, mit dem der Essay beginnt.

Es braucht nicht den Hinweis auf neuplatonisches Gedankengut, um die Modernität von Moritz' Gedankengang nachvollziehen zu können. Seine Überlegung, Kunst sei angemessen nur durch Kunst zu beschreiben, trifft sich mit modernen Kunsttheorien des 20. Jahrhunderts, wie sie sich bei Paul Valéry oder anderen finden.[100] Semiotisch gesehen, dreht sich alles um das selbstreflexive Zeichen, das versucht, die Lücke zwischen Ding und Bezeichnung wieder zu schließen, und das nicht mehr konventionelle Bezeichnung, sondern natürliches Ding sein will. Moritz ist faszi-

99 Winckelmann (1964), S. 277.
100 Vgl. Tomishige (2005).

niert von der Idee der Selbstbezüglichkeit. Sie ist für ihn Ziel der Natur, die zur Bewusstwerdung strebt und sich an den Rändern der menschlichen Gestalt in »Zunge« und »äußersten Fingerspitzen«, an der Grenze zum umliegenden Raum, auszusprechen versucht, wo »das Umfassende sich wieder selbst umfassend, mit leisem Tritt auf seiner Umgrenzung wandelt – und mit dem aufmerksamen Ohre, von der äußersten Zungenspitze, seines Wesens Widerhall vernimmt« (S. 65). Der Autor ist fasziniert von der Art und Möglichkeit, in der ein Etwas sich selbst immer wieder begreift, wörtlich »umfasst«, oder zum Gegenstand nimmt. In Moritz' sehr eigentümlicher Sprache ist das unnachahmlich durch Raum-Metaphern ausgedrückt, die schon seine frühesten Veröffentlichungen zur Sprachwissenschaft prägen.

Jenseits aller metaphysischen Spekulationen behält Moritz' Essay Gültigkeit hinsichtlich seiner radikalen Lösung des Beschreibens von Kunst. Moritz zieht die Konsequenz aus seinem Vorschlag in seinem Essay selbst. Die tastende, oft bildhafte Sprache setzt in einer »Art von poetischen schwebenden Ausdrücken«, wie er am 9. August 1788 an Goethe schrieb, die Erkenntnis um, dass Bildende Kunst, Dichtung, poetische Beschreibung letztlich nur Spuren sind, Formen einer universellen »Bildung«, mit der die »Phantasie« die Welt begreift. Letztlich besteht der Text aus einer Reihe von Abbildern, deren er selber eines ist. Moritz zeichnet die Spur des Schönen in den antiken Mythen (Philomele), übersetzt in Ovids *Metamorphosen*, und in von dem Historiker Livius überlieferten Sagen (Lucretia, Virginius) nach. Den Ursprung für seine Kunstüberlegungen gewinnt er aus kunstvollen Texten selbst, wobei sich die

»gräßliche Erzählung« des am Anfang stehenden Philomele-Mythos vielfältig deuten ließe.[101] Der Essay selbst ist ein theoretischer Beitrag zur Ästhetik; in seinem Werk hat Moritz eigentlich nie eine Bildbeschreibung geliefert, die seinen Vorgaben einer ›schönen Spur‹ entspricht. Die Bildbeschreibungen in seinem Italien-Buch etwa beschränken sich lediglich auf Fingerzeige zum Verhältnis des Ganzen und seiner Teile. Umgekehrt hat aber Moritz versucht, aus der Literatur bzw. Mythologie Vorlagen für die Bildende Kunst zu empfehlen; so ist die 1791 erschienene *Götterlehre* als anschauliche Mythologie gedacht, die Laien ein Verständnis der griechischen Sagen und Künstlern Anschauungsmaterial für Bilderfindungen geben sollte. In dem Signatur-Aufsatz regt Moritz schon früh eine bildkünstlerische Umsetzung des Philomele-Mythos in einem fruchtbaren, bezeichnenden Augenblick an: »Durch die Hand des bildenden Künstlers dargestellt, kann Progne, von dem aufgerollten Gewebe ihrer Schwester, auf den neben ihr stehenden schmeichelnden Knaben, einen Blick werfen, der den gräßlichen Vorsatz ihrer Seele schon in dem ersten Augenblick seiner Geburt enthüllt« (S. 60). Der Gestaltungsvorschlag ist neu; für die ausgewählte Szene sind im Gegensatz zu dem Mahl des Tereus, das etwa von Rubens gemalt wurde, nur wenige künstlerische Umsetzungen aus der Antike bekannt. Neben einigen Vasenmalereien ist eine Skulptur der Progne und ihres Sohns Itys erhalten, die Moritz' Vorschlag nahekommt.[102] Sie stand zufolge der Reisebeschreibung des Pausanias auf der Akropolis; die neuere

101 Vgl. Krüger-Fürhoff (2000).
102 Vgl. Touloupa (1994).

Forschung erklärt das Motiv und den Standort dadurch, dass das Kunstwerk gedacht war als »Warnung vor der Zerstörung des geordneten Miteinanders«[103] und als Aufforderung zur Erkenntnis »über Grundlage wie Gefährdung der Polis«.[104] Allerdings fehlt in dieser Plastik das aufgerollte Tuch, das die Vorgeschichte des prägnanten Moments erklärt, und damit der Text zur Szene, der das rein Anschauliche in der Plastik stören und etwas Allegorisches hineinmischen würde.

5. *Über die Allegorie*

Im Februar 1789 veröffentlichte Moritz in der *Monats-Schrift der Akademie der Künste und mechanischen Wissenschaften* einen Aufsatz mit dem Titel *Über die Allegorie*, worin er die Kritik an Winckelmanns Kunstauffasssung, die er im Signatur-Aufsatz vorgetragen hatte, fortsetzte. Winckelmann als Vertreter der Allegoristerei ist allerdings nicht genannt. 1789 war Moritz Mitherausgeber der Zeitschrift geworden, ab dem Frühjahr besorgte er die Redaktion des Journals allein, obwohl Riems Name noch mitgeführt wurde. Zu Moritz' neuen Aufgaben als Professor für »Theorie der schönen Künste und dahin gehörigen Wissenschaften« gehörte es, die Monatsschrift »mit faßlichen und lehrreichen Beyträgen zu bereichern« und pro Heft mindestens einen Aufsatz zu liefern.[105] Die-

103 Stähler (2000), S. 184.

104 Ebd., S. 187.

105 Laut Text der Bestallungsurkunde vom 24. Februar 1789; vgl. Klingenberg (1996), S. 142.

se Beiträge beziehen sich anders als der Traktat *Über die bildende Nachahmung* direkt auf konkrete kunstpraktische Probleme in der Ausbildung der akademischen Künstler. Hinsichtlich des Allegorieproblems setzte Moritz sich dabei deutlich ab von der in den Kunstakademien flottierenden Art, Bilder auf gelehrte Hintergründe hin zu malen.

Allegorien und Sinnbilder gehören seit jeher zum Gegenstandsbereich der Literatur und bildenden Künste. Die Antike und auch die christliche Kunst des Mittelalters pflegten ausgebreitete Systeme sinnbildlicher Bedeutungen; in der Renaissance und im Barock wurden die ikonographischen Einfälle immer esoterischer und spitzfindiger. Im Lauf des 18. Jahrhunderts änderte sich im Zuge der Aufklärung und ihrer Tendenz zur Erfahrung die Einstellung zunehmend, und man forderte in den Bildenden Künsten immer mehr ein Abgehen von den komplizierten allegorischen Darstellungssystemen, ohne sie aber grundsätzlich in Frage zu stellen. In Mendelssohns Schrift *Über die Hauptgrundsätze der schönen Künste und Wissenschaften* (1777) konnte Moritz schon die Empfehlung lesen, der Künstler solle »seine Allegorien nicht allzu spitzfindig« gestalten.[106] Winckelmann erläuterte in seiner zukunftsweisenden Schrift *Versuch einer Allegorie* (1766) seine neue Auffassung der Allegorie, die er als »Ausdeutung der Begriffe durch Bilder«[107] für unverzichtbar für die Kunst überhaupt hielt, mit dem Hinweis auf den alten antiken Topos

106 In: Mendelssohn, *Schriften zur Philosophie und Ästhetik I* (s. Anm. 11), S. 443.
107 Winckelmann (1960), S. 178.

des Simonides, die Malerei sei nur eine stumme Poesie: »Denn da die Kunst, und vornehmlich die Malerei, eine stumme Dichtkunst ist, wie Simonides sagt, so soll sie erdichtete Bilder haben, das ist, sie soll die Gedanken persönlich machen in Figuren.«[108] Winckelmann forderte aber im Sinne eines Klassizismus die Abkehr von den komplizierten Allegorien des 16. und 17. Jahrhunderts und eine verständliche Form der Allegorie:

> »Ein jedes allegorische Zeichen und Bild soll die unterscheidenden Eigenschaften der bedeuteten Sache in sich enthalten, und je einfacher dasselbe ist, desto begreiflicher wird es, so wie ein einfaches Vergrößerungsglas deutlicher als ein zusammengesetztes die Sachen vorstellt. Die Allegorie soll folglich durch sich selbst verständlich sein und keine Beischrift vonnöten haben, es versteht sich jedoch diese Deutlichkeit verhältnisweise.«[109]

Die Vieldeutigkeit der Allegorie und ihre elitären Voraussetzungen waren der Spätaufklärung suspekt. Moritz selbst als studierter Theologe war in der Sphäre der Literatur allegorischen Bedeutungsstrukturen gar nicht abgeneigt, ließ diese aber vor allem in der Literatur gelten. Er bezeichnete selbst seinen Roman *Andreas Hartknopf* im Untertitel als »Allegorie«. Wenn er die Allegorie definiert, bezieht er sich zurück auf die antike rhetorische Definition der Allegorie als fortgeführte Metapher:

108 Ebd.
109 Ebd.

»Allegorie. Gleichnißrede, Bildrede; wenn ein bildlicher Ausdruck fortgeführt wird; wie Horaz z.B. unter dem Bilde eines Schiffes die römische Republik darstellt; unter Sturm und Wellen die Unruhen, welche sie erschüttern; unter den Piloten die Regenten; unter dem Hafen die Eintracht und den Frieden. Diese Gemählde sind gleichsam durchsichtige Vorhänge, durch welche man die Gegenstände wahrnimmt, die uns dargestellt werden sollen.«[110]

Von Moritz' Verständnis des Kunstwerks als eines in sich selbst vollendeten schönen Ganzen her musste er die Manier, diesem allegorische Vorhänge umzuhängen, grundsätzlich ablehnen. Diese Auffassung des Malens wurde besonders an der Berliner Akademie der Künste gelehrt. Der bekannte Lehrer und Philologe Karl Wilhelm Ramler (1725–1798), selbst Mitglied der Akademie, lieferte dazu 1788 eine Anleitung zum Verständnis und Aufbau von allegorischen Strukturen mit dem Werk *Allegorische Personen zum Gebrauche der Bildenden Künstler*, wozu der Berliner Historienmaler und Direktor der Akademie der Künste Christian Bernhardt Rode (1725–1797) Illustrationen beisteuerte.[111] Diese Anweisungen zur Allegorie veröffentlichte Ramler zunächst in mehreren Teilen in der *Monats-Schrift* der Akademie,[112] wo Moritz sie gewiss studiert

110 *Grammatisches Wörterbuch der deutschen Sprache*, hrsg. von Karl Philipp Moritz, Bd. 1, Berlin 1793, S. 100.

111 Vgl. dazu Badstübner-Gröger (2003).

112 Karl Wilhelm Ramler, *Allegorische Personen*, in: *Monats-Schrift der Akademie der Künste und mechanischen Wissenschaften zu Berlin*, hrsg. von J. A. Riem, Bd. 1, 1788, 1. Stück (Januar 1788),

hat. Mit seinem Werk wollte Ramler das Verständnis vorhandener Kunstwerke erleichtern und gleichzeitig Handreichungen für neue Dichtungen und Werke der Bildenden Kunst geben; er beabsichtigte ganz rationalistisch, eine handhabbare und verständliche Rettung der Allegorie zu verbreiten, verfestigte aber damit dennoch das Prinzip. Ramler fasst in seinem Lexikon die gängigsten Bezeichnungen für kosmologische und chronologische Bezüge, Tugenden und Laster, Künste und Wissenschaften zusammen und ergänzt diesen allegorischen Kosmos noch durch Neuprägungen für aktuelle Wissenschaften und Tätigkeitsbereiche. Diese Sinnbildempfehlungen haben die Berliner Kunstgeschichte der Zeit geprägt; so enthalten die 1780–85 entstandenen allegorischen Tugend-Zyklen am Deutschen und Französischen Dom auf dem Berliner Gendarmenmarkt Skulpturen, die zum Teil entlegenen Vorstellungen folgen. An der Südseite des Turms des Französischen Doms entstand etwa als Allegorie der Dankbarkeit eine Frauengestalt mit einem beigefügten Storch. Der Altphilologe Ramler erklärt diese aus der Anschauung nicht mehr nachzuvollziehende Konstellation folgendermaßen:

> »Die Dankbarkeit hat einen Storch neben sich stehen; oft hält sie zugleich eine Opferschale oder gießt sie aus, und alsdann kann der Opfertisch, nach der Angabe eines Deutschen Künstlers, von einem ehernen Storch unterstützet werden.

S. 9–24; 2. Stück (Februar), S. 51–66; 3. Stück (März), S. 99–114; 5. Stück (Mai 1788), S. 197–204; Bd. 2, 1. Stück (Juli 1788), S. 4–11; 3. Stück (September 1788), S. 97–118; 6. Stück (Dezember 1788), S. 281 f. (*Zusätze zu Herrn Prof. Ramlers Allegorie*).

Schon im Alterthum war der Storch wegen seiner Frömmigkeit berühmt: denn die jungen Störche, die von den alten sehr sorgfältig gepflegt und mit dem zartesten Futter groß gezogen werden, ernähren solche wieder, wenn sie vor Alter oder einer Krankheit wegen unvermögend sind sich selbst zu versorgen.«[113]

Moritz' Kampf gegen die Alleinherrschaft der Allegorie war in der Zeit innovativ, denn in der akademischen Malerei entstanden wahre Trümmerfelder von gelehrten allegorischen Staffagen, die in ihren Zusammenstellungen dem neuen, von der Antike geprägten Menschenbild der Klassik schärfstens widersprachen. Zudem herrschten auch beim zeitgenössischen Publikum Dekodierungsschwierigkeiten. Ramlers Erklärung der allegorischen Darstellung des Morgens etwa trifft das allegorische Personal von Guido Renis Fresko der Aurora nur zum Teil.[114]

113 Karl Wilhelm Ramler, *Allegorische Personen*, in: *Monats-Schrift der Akademie der Künste und mechanischen Wissenschaften zu Berlin*, hrsg. von J. A. Riem, 1. Jg. 1788, 5. Stück (Mai 1788), S. 204.

114 »Der Morgen. Dieser wird unter dem Bilde der Aurora vorgestellt, welche in ein röthliches Gewand gekleidet ist, einen Stern auf dem Haupte und eine Fackel in der Hand trägt. Oft fährt sie auf einem Wagen den zwey Pferde von heller Farbe ziehen. Diese Pferde werden von den Meisten geflügelt abgebildet. Man stellt den Morgen auch unter dem Bilde eines Genius vor, der eine Fackel in der Hand und einen Stern auf dem Haupte trägt. Dieser Genius, welcher den Morgenstern bedeutet, heißt bei den alten Lucifer oder Phosphorus, der Bringer des Lichtes. Oft fliegt er vor der Aurora einher, und alsdann trägt diese weder Stern noch Fackel, sondern streut Rosen oder andere Bluhmen aus« (Ramler, *Allegorische Personen*, Nr. 9/1: »Der Morgen«, in:

Worin besteht nun die Leistung von Moritz' Überlegungen zur Ästhetik? Kunst lehrt nach ihm Ordnungen wahrzunehmen. Wenn Moritz in seiner ästhetischen Theorie das Schöne vom Nützlichen strikt trennte, hieß das nicht, dass ein schönes Kunstwerk keine Zwecke erfüllen durfte; sondern nur, dass die schöne Komponente des Kunstwerks, die ästhetische Funktion, wie wir heute sagen würden, eben darin besteht, auf sich selbst zu verweisen und nicht auf andere Zwecke. Ein Kunstwerk kann aber durchaus auch auf anderen semiotischen Ebenen funktionieren. Deswegen bildet es für Moritz keinen Widerspruch, einerseits den Eleven der Akademie der Künste Ornamentik und Verzierungen nahezubringen und andererseits auf die theoretische Selbständigkeit der Kunst zu verweisen.

Moritz' Kunstlehre ist innovativ angesichts der zahlreichen Topoikataloge der Kunstgelehrten und der in den traditionellen Reisebeschreibungen abgearbeiteten connaisseurhaften Themen-, Motiv- und Technikkataloge, denen gegenüber Moritz sich auffällig verweigert. Die Bildbeschreibungen des Autors haben etwas zugleich Dilettantisches und Gewaltsames an sich. Mit atemberaubender Konsequenz verkürzt er den Gehalt von Gemälden auf einen Strukturzusammenhang, der oft in Bewegung und Gegenbewegung besteht. Von Kolorit, Helldunkel etc. ist bei der Analyse keine Rede – manchmal hat es den An-

Monats-Schrift der Akademie der Künste und mechanischen Wissenschaften zu Berlin, hrsg. von J. A. Riem, Bd. 1, 1. Stück [Januar 1788], S. 23).

schein, als sei Moritz farbenblind –, erst recht wird das gesamte Arsenal der Ikonographie, aus dem die Bildenden Künste sich ihr Darstellungspotential hergeleitet haben, ignoriert. Eine sehr zeittypische Fixierung auf das *disegno*, die gezeichnete Linie, den Kontur, bestimmt Moritz' Herangehensweise. Sie ist teils gekoppelt mit einer letztlich doch dem Rationalismus verpflichteten Manie, in jedem Kunstwerk einen Mittelpunkt ausfindig machen zu wollen, worin ein paradigmatisches Element alles erklärt.

Man könnte von Moritz' radikaler Bestimmung des Kunstwerks als eines in sich selbst Genügsamen annehmen, dass die Kunstbeschreibung in letzter Konsequenz gar keinen Bezug mehr zum Objekt haben müsse. Moritz hat aber nicht darauf verzichtet, wenigstens einen Fingerzeig für die Beschreibung des Kunstwerks zu geben:

> »Wenn über Werke der bildenden Künste, und überhaupt über Kunstwerke etwas Würdiges gesagt werden soll, so muß es keine bloße Beschreibung derselben nach ihren einzelnen Theilen seyn, sondern es muß uns einen nähern Aufschluß über das Ganze und die Nothwendigkeit seiner Theile geben.« (S. 72)

Als Umgang mit dem Problem, den Gehalt von Kunstwerken zu beschreiben, ist Moritz' Ästhetik zeitlos gültig. Er empfiehlt dafür eine der rationalistischen Aufklärung entgegengesetzte Hermeneutik, die behutsam das umkreist, was im Kunstwerk immer nur angedeutet sein kann. Auch dem späten Moritz war aber bewusst, was er vor seiner Italienreise als Lebenseinsicht verkündete:

»Nun kann man […] weit leichter ohne Gemählde und Statüen, als ohne Obdach, Brodt und Kleider sich behelfen.

Hat man aber Brodt und Kleider und ein festes Obdach, so macht es einem auch Vergnügen, Gemählde und Statüen zu betrachten.«[115]

115 Karl Philipp Moritz, *Versuch einer kleinen praktischen Kinderlogik* (1786), in: K. Ph. M., *Schriften zur Pädagogik und Freimaurerei*, hrsg. von Jürgen Jahnke, Berlin 2013 (KMA 6), S. 157 f.